# ADHD와
## 사이좋게 지내기

## 일러두기

이 책에 실린 정보는 이 책이 다루는 주제와 관련된 일반 지침에 따라 번역 및 편집되었습니다. 이 책을 의학, 의료, 약학, 혹은 특정 상황에 관한 전문가의 조언이나 특정 지역의 전문가의 조언의 대용품으로 여기거나, 전문가의 조언 대신 의존해선 안 됩니다. 의학적 치료를 시작하거나, 변경하거나, 중단하기 전에 먼저 주치의와 상의하십시오. 저자가 아는 한, 이 책이 제공하는 정보는 2023년 3월 기준으로 정확하며 최신 정보입니다. 관행, 법률, 규정은 모두 변하므로, 독자들은 이와 관련된 문제에 관해 최신 정보를 갖춘 전문가에게 조언을 받아야 합니다. 이 책에 특정 제품이나 치료제, 조직의 이름이 실렸다고 해서, 그 제품이나 치료제, 조직이 저자나 출판사의 지지나 승인을 받는다는 의미는 아닙니다. 반대로 이름이 실리지 않았다고 해서 저자나 출판사의 지지나 승인을 받지 못한다는 의미는 아닙니다. 저자, 번역자와 출판사는 법이 허용하는 한, 이 책에 담긴 정보의 직간접적 사용이나 오용으로 인해 발생하는 결과에 대해 어떠한 책임도 지지 않습니다.

# ADHD와

행복한 성인ADHD의 삶을 위한
완벽한 가이드

# 사이좋게 지내기

에드워드 M. 할로웰 지음 | 김부민 옮김

시그마북스
*Sigma Books*

# ADHD와 사이좋게 지내기
## 행복한 성인ADHD의 삶을 위한
## 완벽한 가이드

**발행일**  2024년 7월 1일 초판 1쇄 발행
**지은이**  에드워드 M. 할로웰
**옮긴이**  김부민
**발행인**  강학경
**발행처**  시그마북스
**마케팅**  정제용
**에디터**  김은실, 최연정, 최윤정, 양수진
**디자인**  우주연, 김문배, 강경희

**등록번호**  제10-965호
**주소**  서울특별시 영등포구 양평로 22길 21 선유도코오롱디지털타워 A402호
**전자우편**  sigmabooks@spress.co.kr
**홈페이지**  http://www.sigmabooks.co.kr
**전화**  (02) 2062-5288~9
**팩시밀리**  (02) 323-4197
ISBN  979-11-6862-240-1 (03180)

\* 시그마북스는 (주)시그마프레스의 단행본 브랜드입니다.

Original Title: ADHD Explained – Your Toolkit to Understanding
and Thriving
Text Copyright © Edward M. Hallowell 2023
Copyright © 2023, Dorling Kindersley Limited
A Penguin Random House Company

www.dk.com

# 차례

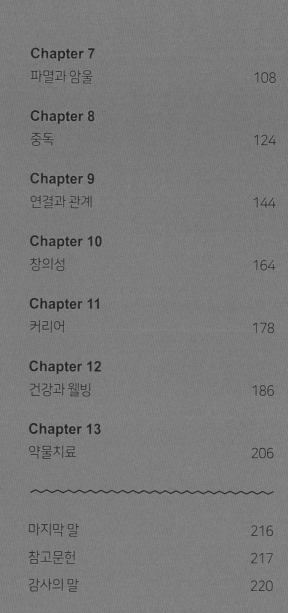

# 이 책은 여러분의 삶을 바꿀 수 있습니다

"하루는 서점에서 친구를 기다리고 있었어요." 브루스가 제게 보낸 편지는 이렇게 시작했습니다. "진열대에서 책을 꺼내서 시간을 죽이고 있었죠. 이유는 모르겠지만, 진열대에서 선생님의 책을 꺼내 들었어요. 책을 읽기 시작하자마자, 말 그대로 벼락에 맞은 기분이 들었습니다. 이 책이 저에 관한 책이라는 사실을 깨달았거든요. 저와 한 번도 만난 적이 없는데도, 어찌 된 일인지 선생님은 저를 잘 알고 계시더라고요. 그건 계시였어요. 들어본 적은 있지만, 제게 일어날 것이라곤 생각지도 못했던 계시요. 그게 바로 그날 제게 일어난 일이었죠. 선생님의 책 속에서 저는 거의 모든 사람에게 숨겨왔던 저 자신, 제 진정한 모습을 봤어요.

선생님은 ADHD에 관해 설명하면서 – 그때까진 ADHD란 말을 듣지도 보지도 못했어요 – 저를 자로 잰 듯 묘사하셨죠. 말도 안 되는 일이었어요. 어떻게 저에 관해 그렇게 속속들이 아실 수 있죠? 선생님은 제가 남들과 어떻게 다른지 설명했어요. 제가 스스로 자부심을 느낄 수 있는 방식으로요. 제게 자부심을 주신 것만으로도 엄청난 일이었죠. 책을 읽으면 읽을수록, 저 자신을 더 들여다보게 되었어요. 선생님이나 선생님 책에 관해 들어본 적이 없는데도, 꼭 우리가 평생 알고 지낸 사이처럼 느껴지더군요. 어찌된 일인지, 선생님은 저를 알고 있었어요."

친애하는 독자 여러분, 저는 제가 여러분에 관해서도 알고 있을지 궁금합니다. 만약 그렇다면 여러분이 제 ADHD(주의력결핍 과잉행동장애)에 관한 설명에서 자기 자신의 모습을 보게 된다면, 여러분은 운이 좋은 사람입니다. 이제 모든 것이 바뀔 테니까요.

# 미진단 ADHD

ADHD가 있는 성인 중 80%는 그 사실을 모릅니다. ADHD가 있다는 사실을 모른 채로 사는 것은, 근시라는 질환이 있다는 사실조차 모른 채로 근시로 사는 것과 비슷합니다. 여러분이 앞을 제대로 보지 못하는 원인에 명칭이 있다는 것을 알게 되면, 여러분은 안경집을 방문하여 시력 검사를 받고, 안경을 맞출 수 있습니다. 그리고 그 안경은 여러분의 삶을 완전히 바꿀 겁니다. 무엇이 문제인지, 무엇이 가능한지 몰랐기에 상상조차 하지 못했던 방식으로요.

마찬가지로 ADHD가 있다는 사실을 알아내면 똑같은 일이 일어납니다.

**진단되지 않은 ADHD는 삶을 방해할 수 있습니다. 그리고 ADHD 진단은 모든 것을 바꿀 수 있습니다.**

### 명심하세요

ADHD가 있는 사람에게 더 노력해야 한다고 말하는 것은 근시가 있는 사람에게 눈을 더 가느다랗게 뜨고 똑똑히 보라고 말하는 것과 같습니다.

# 성공을 위한 사투

**마리아에 관해 이야기해 보겠습니다. 마리아는 ADHD 진단과 치료가 어떻게 삶을 바꿀 수 있는지 보여주는 아주 좋은 사례입니다.**

마리아는 뉴욕 변호사 시험을 6번 치르고 6번 다 떨어지고 저를 찾아왔습니다. 그녀는 이렇게 말했습니다. "저는 똑똑해요. 전 제가 똑똑하단 걸 알아요. 그렇지만 이 망할 시험에는 도저히 통과하질 못하겠어요. 저는 다른 학생보다 3배는 더 열심히 공부해야만 하는데, 도무지 그 이유를 모르겠어요. 제가 수업시간에 남들만큼 똑똑한 건 분명하거든요. 아마 더 똑똑할 거예요."

마리아의 이야기를 들어보니, 그녀는 전형적인 성인 ADHD였습니다. 과거에 도움을 받으려 했을 때, 마리아는 우울증 진단을 받고 항우울제를 처방받았습니다. 마리아가 우울해한다는 점은 분명했지만, 순전히 목표를 달성하지 못해 좌절했기 때문이었습니다. 항우울제는 근본적인 문제인 ADHD를 해결해 주지 못했습니다.

제 설명을 들으며 마리아는 슬픔과 분노를 번갈아 드러냈습니다. "도대체 왜 그 의사들은 알아차리지 못했던 거죠?" 그녀가 물었습니다.

저는 답했습니다. "그 의사들을 탓하지 마세요. 성인 ADHD, 특히 성인 여성의 ADHD에 관해 아는 의사는 드뭅니다. 그렇지만 이제 실제 상황을 알게 되었으니 문제 해결을 시도해 볼 수 있습니다."

자극제와 추가적인 공부 시간 덕분에, 마리아는 다음 변호사 시험에 아주 높은 점수로 합격했습니다.

# 진실 vs 허구

## 허구 :

ADHD가 있으면, 살면서 절대 많은 성취를 이룰 수 없다.

## 진실 :

제게 진료를 보러 오는 성인들은 거의 모두 학업 성취도가 낮았거나 학교생활을 힘들어했습니다. 학교나 대학을 중퇴한 사람들이 많았죠. 그렇지만 이들은 포기하지 않았습니다. 대다수는 타고난 기업가적 재능을 곧바로 발휘하기 시작했습니다. 항공 분야의 선구자인 리처드 브랜슨과 데이비드 닐먼, 혁신가이자 연예인인 윌 아이엠, 모델이자 사업가인 패리스 힐튼은 ADHD가 있으면서 엄청난 성취를 이룬 사람들 가운데 극히 일부에 불과합니다.

# 부담하기엔 너무 큰 위험

자신이 ADHD라는 사실을 모르면 성인기에 심각한 문제가 일어날 수 있습니다. 문제에는 조기 사망 위험도 포함됩니다. ADHD 분야의 주요 연구자 가운데 한 명인 러셀 바클리의 계산에 따르면, 진단받지 못할 경우 ADHD는 수명을 평균 13년 앗아갑니다. ADHD 치료를 받지 않는 사람들에게는 온갖 안 좋은 일이 일어나기 때문입니다. 안 좋은 일 목록에는 다음이 포함됩니다.

~ 높은 실업률

~ 경제적 어려움, 그리고 그에 따른 높은 스트레스

~ 온갖 것에 대한 높은 중독률

~ 관계에서의 실패, 그리고 그에 따른 사회적 고립, 사회적 고립은 그 자체로 조기 사망의 고위험 인자입니다.

~ 우울증, 그리고 그에 따른 높은 자살 시도율과 자살률

~ 자동차 사고

~ 온갖 유형의 부상

~ 극심한 불안감

~ 자기 자신에 관한 부당하고 부정적인 견해

~ 부족한 자기 관리 능력, 여기에는 의사나 치과 의사에게 받아야 할 추적 검사를 미루는 것도 포함됩니다.

~ 저성취와 만성적 좌절감, 그리고 그로 인한 강렬한 상실감과 패배감, 자신이 인생의 호기를 놓쳤을지도 모른다는 의심

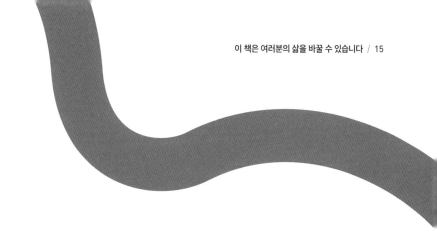

**심지어 이건 목록 일부에 불과합니다!**

일부 안 좋은 일들은 서로 연결되어 있으며,
서로를 부채질합니다. ADHD가 있는 분들
이라면 이 안 좋은 일 목록을 보고 눈물이
날지도 모르지만, 명심하세요. 그 어떤 안
좋은 일도 필연적이진 않습니다.

**진단받지 못할 경우,
ADHD는 수명을
평균 13년 앗아갑니다.**

# ADHD라는 선물
# 보따리 풀기

ADHD가 알려진 지 수십 년이 흘렀지만, 사람들 대부분은 여전히 ADHD가 무엇인지 잘 알지 못합니다. 대다수 의료 종사자들 역시 잘 모르긴 마찬가지입니다. 사실, ADHD를 지나치게 활동적인 어린 남자애로 희화할 수 있는, 우스꽝스러운 질환이라고 믿는 사람들이 여전히 많습니다. 이 사람들은 ADHD가 실제로는 그보다 훨씬 더 거대한 질환임을 알지 못합니다.

불행히도, ADHD에 관한 이해와 일반 대중의 수용을 더디게 하는 한 가지 원인은 정신 건강 분야 전체에 찍힌 낙인입니다. 정신병을 앓는 사람이 되고 싶은 사람은 아무도 없는데, ADHD는 불행히도 정신 질환으로 분류되기 때문입니다. 1장(ADHD가 무엇인가요?)에서 더 자세히 논의하겠지만, 이러한 의학적 분류는 ADHD에 딸려오는 온갖 특별한 재능과 강점을 무시합니다.

사람들 대다수는 ADHD와 관련된 문제에 관해서만 알고 있을 뿐, ADHD가 포장이 풀리길 기다리는 선물이라는 것을 인정하지 않습니다. 이 질환이 여러 재능과 강점을 내재하고 있음을 알지 못합니다. 독창성, 호기심, 창의력, 비전, 상상력, 끈기, 불가사의한 직관력, 기업가 정신 등은 일부 예시에 불과합니다. ADHD의 긍정적 측면과 부정적 측면은 3장(ADHD 사과나무)에서 더 자세히 살펴볼 수 있습니다.

저는 ADHD에 관한 좋은 소식을 독자 여러분과 나누고 싶습니다. ADHD에 긍정적인 측면이 있다는 사실을 모두에게 알리고 싶습니다. 이것이 상식이 되어야만, 진단과 치료를 받지 못한 채로 ADHD의 미로를 헤매는 수백만 명의 사람들을 도울 수 있기 때문입니다.

# ADHD의
# 아름다움 살펴보기

저는 ADHD가 포장이 풀리길 기다리는 선물일 뿐만 아니라, 연주되길 기다리는 바이올린이라고 생각하기를 좋아합니다. 바이올린과 마찬가지로, ADHD도 통제하기 어려운 악기입니다. 그러나 제가 책에서 소개한 기술을 연습하고, 연습하고, 또 연습한다면, 장담컨대 분명 연주 실력이 향상될 겁니다. 곧 여러분은 삶에서 감미로운 곡을 연주하게 될 것이고, 그에 빠져들 것입니다. 향상하는 것은 습관성이니까요.

한번 성공의 달콤함을 맛보면, 평생 그 맛을 느끼고 싶을 겁니다.

제 삶의 과업은 ADHD에 관한 진실을 가능한 한 많은 사람에게 말하는 것입니다. 저는 사람들 모두가 ADHD를 바이올린으로, 아름다움을 연주하는 악기로 바꾸는 데 필요한 도움을 받는 방법을 알았으면 좋겠습니다. ADHD가 없는 사람들이 ADHD가 있었으면 하고 바랐으면 좋겠습니다.

# 이 책의 사용법

저는 이 책을 ADHD 친화적으로 쓰기 위해 최선을 다했습니다. ADHD와 독서는 안 맞는다는 생각이 드실지도 모르지만, 이 책은 다릅니다. 이 책에는 삽화와 중요 항목, 수많은 작은 글상자가 실려 있으며, 그 안에는 제가 지난 40년 동안 배운 ADHD에 관한 지혜의 정수가 담겨 있습니다. 약속드립니다. 여러분이 지루해하지 않도록 최선을 다하겠습니다. 여러분이 더 나아질 수 있도록 최선을 다해 돕겠습니다.

**이 책은 ADHD의 세계를 단계별로 안내하는 책입니다. 이 책은 다음과 같이 쓰였습니다.**

**제1-3장:** ADHD가 무엇인지 긍정적인 점과 부정적인 점을 모두 아울러 설명합니다.

**제4장:** ADHD와 함께 최고의 삶을 살기 위한 10단계 계획을 소개합니다.

**제5-8장:** 시간, 돈, 파멸과 암울, 중독 같은 ADHD 세계에서 가장 흔한 몇몇 장애물의 해결법을 제시합니다.

**제9-12장:** ADHD와 함께하는 길고 행복한 삶을 위한 네 가지 핵심 요소를 소개합니다. 그것은 바로 사랑과 연결, 창의성 발산 수단, 올바른 직업, 건강과 웰빙 돌보기입니다.

**제13장:** 마지막으로, 모두가 두려워하는 가장 유용한 도구, 약물에 관해 설명합니다.

# 약속

이 책을 읽은 뒤 자신이 ADHD라는 결론을 내린 분들께, 여러분의 삶이 나아질 것이라고 약속합니다. 유일한 질문은 얼마나 더 나아지느냐입니다.

제가 1981년부터 ADHD로 진단한 성인들은 거의 전부 원인을 알 수 없는 저성취 때문에 저를 찾아왔습니다. 이들은 잘해나가고 있었을 수도, 심지어 아주 잘해나가고 있었을 수도 있지만, 마음속 깊은 곳에서는 자신들이 더 잘, 어쩌면 훨씬 더 잘할 수 있다는 사실을 알고 있었습니다. 이들은 – 포기하기 직전까지 내몰린 – 자신의 꿈을 이룰 수 있다는 것을 알고 있었습니다. 만약 (____)만 있다면요.

이들이 알지 못했던 것은 그저 "만약" 다음에 오는 빈칸의 답이 무엇인가였습니다. 이들이 빈칸을 채우지 못한 이유는 ADHD에 관해 들어본 적이 없어서였습니다. 혹은 ADHD에 관해 들어보았더라도, 자신이 ADHD에 해당하는지 몰랐기 때문입니다.

직업 생활은 빠르게 나아질 수 있습니다. 파탄 직전인 관계는 그 안에서 안전지대를 찾아내고, 되살릴 수 있습니다. 여러분은 내면의 혼란을 가라앉히고 마음의 평화를 찾을 수 있습니다. 삶은 상상할 수 있는 모든 면에서 개선될 수 있습니다. '적절한 개입'만 있다면요.

**제 약속은 한마디로, ADHD 진단과 치료가 좌절과 실패의 삶을 기쁨과 성취의 삶으로 바꿀 수 있다는 것입니다.**

너무 듣기 좋은 소리라 믿어지지 않으십니까? 이것은 진실입니다. 평소에 책을 읽지 않더라도 이 짧은 책을 한번 시도해 보세요.

**이 책은 여러분의 긴 인생 이야기에 큰 변화를 줄 수 있습니다.**

# ADHD가
# 무엇인가요?

ADHD는 우리를 어리둥절하게 할 뿐만 아니라 오해의 소지가 있는 용어입니다. 우선, 우리 ADHD가 있는 사람들은 주의력의 결핍이 아니라 오히려 주의력 과다로 고통받기 때문입니다. 그러나 부정확하다고 하더라도 우리는 이 공식 용어를 숙지해야만 합니다. 진단에 쓰이는 용어가 바로 그것이기 때문입니다. 이제 임상 용어로 설명해 보겠습니다.

~ ADHD의 특징은 바로 세 가지 증상입니다.
  - 주의력결핍 혹은 주의산만
  - 충동성
  - 과잉행동

~ ADHD는 남성과 여성에게 똑같이 나타납니다. 남성의 진단율이 더 높고 여성의 진단율이 더 낮은 것은, 여성의 ADHD는 상대적으로 문제를 덜 일으키는 경향이 있으므로, 여자아이와 성인 여성의 질환을 못 보고 지나치기 더 쉽기 때문입니다.

~ ADHD는 흔히 부모에서 자녀로 유전됩니다.

# 이름이 대체 뭐길래?

**사람들은 항상 "ADHD와 ADD의 차이점이 뭔가요?"라고 제게 묻습니다.** 제가 이 질환을 처음 알게 된 1981년에는 이 질환을 '주의력결핍 장애(ADD)'라고 불렀습니다. 고작 몇 년 뒤인 1987년에는 그 이름을 '주의력결핍 과잉행동 장애(ADHD)'로 바꾼 뒤, 공식적으로 두 가지 하위 유형을 구분하기 시작했습니다. 과잉행동이 나타나는 ADHD와 그렇지 않은 ADHD로요. 그러나 이 구분법은 모두를 혼란스럽게 했습니다. 한 유형을 ADD라고 부르고 다른 유형을 ADHD라고 부르는 대신, ADD라는 용어를 완전히 폐기해버렸기 때문입니다. 그러므로 진단의 관점에서 엄밀히 따져보면, ADD란 존재하지 않습니다. 단지 과잉행동이 나타나지 않는 ADHD, 즉 주의력결핍 우세형 ADHD와 과잉행동이 함께 나타나는 ADHD, 즉 복합형 ADHD가 있을 뿐입니다. 35년이 넘은 지금까지도 여전히 사람들을 혼란스럽게 하는 명명법입니다.

저는 이 질환에 새로운 이름이 필요하다고 생각합니다. ADHD는 정확하지 않을 뿐만 아니라, 은연중에 인지 장애를 암시하는 용어입니다. 그 때문에 비

전문가들은 ADHD를 치매와 비슷한 질환으로 받아들이며, ADHD가 있는 사람을 그다지 똑똑한 사람으로 여기지 않습니다. 그러므로 저는 이 질환의 핵심 요소 가운데 세 가지(변동성variability, 주의력attention, 자극 추구search for stimulation)를 결합한 용어인 '변동성주의력 자극추구 특성(variable attention stimulation trait, VAST)'[1]을 새로운 이름으로 제안하고자 합니다. 어쨌거나, 이 질환은 진실로 광대합니다. 이 용어는 이 질환이 있는 우리가 자랑스럽게 쓸 수 있을 만큼 정확하며, 우리를 성공할 가능성이 없는 – 절대 사실이 아닙니다 – 기준 미달인 사람으로 만들지 않습니다.

그러나 이 책의 목적을 이루기 위해서, 독자에게 혼란을 주지 않기 위해서 (그리고 세상에 약어가 넘쳐나게 하지 않기 위해서), 저는 ADHD라는 용어를 고수할 것입니다. **그렇지만 우리 ADHD가 있는 사람들이 광대한 정신을 갖고 있다는 사실을 잊진 마세요.**

---

[1] 『ADHD 2.0』(에드워드 할로웰, 존 레이티 저, 장석봉 역, 녹색지팡이, 2022.09.20.)에서는 번역어로 '임기응변적 주의력 특성'을 채택했습니다 – 옮긴이

주의력결핍 우세형
ADHD

복합형
ADHD

과잉행동-충동 우세형
ADHD

# 장애가 아닌, 특성이자 존재 방식

저는 이 장의 마지막 부분(37-39쪽 참조)에서 'DSM(정신 질환 진단 및 통계 편람)'에 실린 ADHD에 관한 더 정교한 정의를 보여드릴 것입니다. ADHD는 DSM에 실린 장애 가운데 하나입니다. 그러나 제 견해로는 ADHD는 장애가 아니라 특성이자 세상에 존재하는 방식입니다. 어떻게 관리하느냐에 따라, ADHD는 여러분의 삶을 망치는 끔찍한 장애가 될 수도 있고, 어떤 분야에서든 여러분을 최고의 위치로 끌어올려 줄 초능력이 될 수도 있습니다. 사람들 대다수에게 ADHD는 어느 정도는 장애이고 어느 정도는 초능력입니다. 저는 여러분을 도와 장점은 극대화하고 단점은 최소화하고 싶습니다.

**그러면 '어째서' 그 더 정교하다는 공식 정의를 바로 알려주지 않느냐고요?** 1981년부터 온갖 연령대에 속한 사람들의 ADHD를 수천 건 진단한 이래로, 저는 이 질환이 드넓은 대초원에서, 실생활에서, DSM에 실린 설명문에서 각각 전혀 다른 모습으로 보인다는 사실을 알고 있기 때문입니다.

## 명심하세요

세상에 똑같은 뇌는 없습니다. 최고의 뇌는 없습니다. 뇌는 저마다 자신만의 특별한 방식을 찾아냅니다.

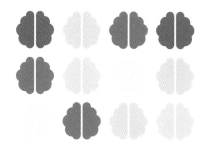

# ADHD의 존재 방식에 관한 간단한 목록

자신이나 가까운 사람이 ADHD일지도 모른다고 생각하십니까? 만약 여러분에게 ADHD가 있다면, 다음에 해당할 가능성이 큽니다.

~ **정신이 늘 바쁨.** 정신이 한곳에 머무는 경우가 드뭅니다.

~ **지루한 것을 못 견딤.** 지루함을 느낀 순간, 물리적으로든 정신적으로든 그곳을 떠나버립니다.

~ **독창적임.** 자기 방식대로 합니다.

~ **자신을 저성취자로 여김.** 아주 높은 수준을 성취했을지언정, 실마리를 찾아낸다면 자신이 더 적은 노력으로도 훨씬 더 잘할 수 있다는 사실을 알고 있습니다.

~ **조급함.** 기다리기 싫어하고, 누군가가 바로 요점을 말하지 않고 시간을 끄는 것을 참지 못합니다.

~ **창의적임.** 항상 새로운 아이디어를 생각해냅니다. 문제는 아이디어를 관리하고 활용하는 것입니다.

~ **무언가를 성취하려는 본능적 욕구가 있음.** 무언가를 창조하거나, 움직이거나, 실행하거나, 만들거나, 탄생시켜야 합니다.

~ **고집불통임.**

("아니야"라고 말하기 전에 여러분에 대해 잘 아는 사람에게 여러분이 고집이 세냐고 물어보세요.)

~ **시간 감각이 왜곡되어 있음.** ADHD가 있는 사람은 '지금'과 '지금 말고' 딱 두 가지로만 시간을 인식하는 경향이 있습니다.

~ **강한 자극을 갈망함.** 흥분, 속도, 위험, 결과가 즉시 나오는 것들을 원합니다. ADHD가 있는 사람들은 때때로 강한 자극을 추구하는 부적응적 행동 양식에 빠집니다. 그 목록 맨 위에는 마약, 알코올, 니코틴, 도박, 섹스, 쇼핑과 지출, 음식, 당분, 강박 행위, 자해 등 온갖 종류의 중독이 있습니다.

~ **규칙을 따르기 싫어함.** 권위에 따르기 어려워서가 아니라 일을 끝내는 가장 효율적인 방법이 일부 규칙을 무시하는 것이라는 사실을 알아차리기 때문입니다.

~ **위선을 경멸합니다.**

저는 3장 ADHD의 사과나무에서 이 목록에 더 많은 경향성을 추가할 것이며, 그러면 여러분은 이것이 DSM을 얼마나 크게 넘어서는지 알게 될 것입니다. 이 질환은 그 실체가 정말 광대합니다.

# 자전거 브레이크가
# 달린 페라리 뇌

저는 ADHD 뇌를 페라리에 빗대길 좋아합니다. 페라리 엔진과 마찬가지로, ADHD 뇌는 출력이 끝내줍니다. 그래서 일반적인 뇌보다 훨씬 더 빠릅니다. 그렇지만 문제가 하나 있습니다. 페라리 뇌에 달린 브레이크가 자전거용이라는 사실입니다. ADHD가 있는 사람은 타고난 초고출력 뇌를 통제하는 데 어려움을 겪습니다.

ADHD가 있는 사람의 정신은 쉬지 않고 작동합니다. 엔진의 회전 속도는 늘 올라가고 있으며, 달려나가 전속력으로 질주하고 싶어 합니다. 그 어떤 브레이크가 달려 있다고 하더라도 이렇게 강력한 뇌를 억제하기는 대단히 어렵습니다. ADHD가 있는 수많은 성인들이 갑자기 사방팔방을 돌아다니고, 여기저기를 반복해서 왔다 갔다 하는 이유입니다. 통제되지 않은 힘은 혼돈을 불러옵니다. 강력하지만, 대개 파괴적인 혼돈을요.

수년에 거쳐 저는 꽤 훌륭한 브레이크 전문가가 되었습니다. 제 목표는 ADHD가 있는 사람의 브레이크를 강화하는 것입니다. 하나의 세부 사항에 집중해야 할 때는 뇌의 속도를 낮추고, 새로운 아이디어를 탐색하고자 할 때는 속도를 올릴 수 있도록요. 목표는 운전자인 여러분이 뇌를 통제하게 하는 것입니다. 뇌가 여러분을 통제하는 대신에요.

**ADHD 치료의 상당 부분은 통제력 향상을 목표로 삼습니다. 일정 부분 자발성인 창의성이나 카리스마, 독창성을 훼손하지 않으면서요.**

뇌의 억제 신경회로를 알맞게 조율하려면 신중한 조정이 필요합니다. 그래야만 심각한 실패는 물론, 심각성은 덜할지언정 해롭긴 마찬가지인, 부주의로 인한 실수와 성가신 방해물을 방지할 수 있습니다.

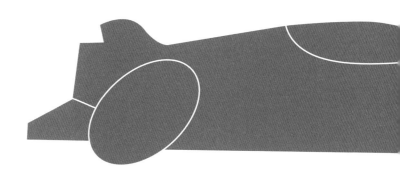

# 진단받기 전의 삶

진단을 받기 전까지, ADHD와 함께하는 삶은 좌절이나 저성취의 삶일 수 있습니다. 어린 시절부터 여러분은 설교를 들어왔습니다. 여러분이 타고난 커다란 재능을 낭비하고 있다고, 더 노력해야 한다고, 게으르다고, 마땅히 해야 할 노력을 하지 않은 것을 나중에 후회할 것이라는 설교를요.

지금이 바로 그 나중입니다. 여러분은 희망을 잃기 시작했습니다. 스스로 열심히 노력했음을 알지만, 성공을 위한 열쇠를 찾아내지 못했다는 사실 또한 자각하고 있습니다. 성공의 문은 여전히 단단히 잠겨 있고, 여러분은 그 열쇠를 찾아낼 수 있을지 궁금해합니다.

**이야기를 하나 해 드리겠습니다.**

이 책을 막 쓰기 시작했던 무렵의 어느 날이었습니다. 어쩌다 보니 저는 미식축구 경기장 주차장에서 발이 묶여서 차를 얻어 타야 하는 신세가 되었습니다. 놀랍게도, 제가 다가갔던 첫 번째 차가 저를 태워주었습니다. 저는 뒷좌석에 앉아 저를 구조해 준 두 젊은이에게 고마움을 표했습니다. 운전자였던 로스코가 저에 관해 물어서, 제가 ADHD를 전공한 의사라 답한 뒤 ADHD가 무엇인지 설명했지요.

제가 두세 문장 정도 이야기하자 로스코가 말했습니다. "그거 완전 전데요! 전 30살인데 곤경에 처했어요. 제가 진짜 똑똑한데…". "얘 완전 천재예요!" 그의 친구가 끼어들었습니다. "그런데도 아무것도 못 이뤘어요. 아무 계획도 없고요. 어느 정도 포기한 상태죠. 뭘 해야 할지 모르겠어요. 그래서 그냥 무슨 일이 일어나길 기다리고 있어요."

"이런, 저라는 일이 일어나버렸군요!" 제가 그렇게 말하자 우리 모두 웃음을 터뜨렸습니다. 그렇지만 두 사람 모두 저와 마찬가지로 제 말을 진지하게 받아들였습니다. 이게 바로 제가 제 일을 사랑하는 이유입니다. 저는 좋은 소식이 꼭 필요한 사람들에게 좋은 소식을 전해줍니다. 로스코에게 제가 전에 쓴 책 가운데 하나를 읽어보길 권했습니다. 책 속에서 자신의 모습을 보게 되거든 – 그렇게 되리라 확신했습니다 – 제게 전화하라는 말과 함께요. 절 도와주었으니 감사의 표시로 비용을 청구하지 않을 거라고도 했죠.

저는 그가 제게 연락을 주길 바랐습니다. 그렇지만 연락하지 않을까 봐 걱정스러웠죠. 여러분은 믿지 못하실 겁니다. 새 환자들과 만날 때, 제게 "선생님 예약을 잡으려고 몇 년 동안이나 시도했습니다."라고 말하는 환자가 얼마나 많은지를요.

# 절대 늦지 않았습니다

**저는 여러분에게 ADHD 진단을 받기에 너무 늦었을 때란 없다는 사실을 알리고 싶습니다. 한번은 76세 남성을 치료한 적도 있습니다. 치료를 받은 덕분에 그 남성은 평생 쓰려고 했던 책을 쓸 수 있었습니다.**

나이가 들수록 체념이 심해지면서 "실패"나 "실망" 같은 단어를 자기 자신에게 더 많이 적용하게 됩니다. 그러나 여러분의 나이가 몇이든 간에 절대 늦지 않았습니다. 인생이라는 파티는 사망 선고를 받기 전까지 끝나지 않습니다. 게다가 그 뒤에 무슨 일이 일어날지 누가 알겠습니까?

여러분에게 ADHD가 있을 가능성을 고려해 보고, 이 책에 간략히 서술된 치료법을 확인해 보세요. 일과 사생활 모두에서, 수년간 이어진 실패와 저성취가 승리로 바뀔 수 있습니다.

# ADHD와 저성취

어떤 성인에게 ADHD가 있음을 알리는 제보자는 보통 저성취입니다. 그러면 그 사람의 병력을 보고 그밖에 어떤 일이 일어나고 있는지 살펴봐야 합니다. 최고의 ADHD 검사는 의학 분야를 통틀어 가장 오래된 검사, 바로 그 사람의 인생 이야기를 살펴보는 것입니다.

제게도 ADHD가 있으며, 난독증이라는 또 다른 널리 오해받는 질환도 있습니다. 이 분야의 전문가들 가운데는 제가 ADHD일 리가 없다고 말하는 이들이 있습니다. 제 인생이 너무 성공적이라는 이유로요. 이것은 ADHD를 둘러싼 수많은 속설 가운데 하나입니다. 그 사람이 인생의 실패자여야만 ADHD로 확진할 수 있다는 것이죠.

저는 그것을 반박하는 살아 있는 증거인 수많은 사람 가운데 한 명일 뿐입니다. 저는 하버드대학교와 툴레인 의과대학을 모두 졸업했습니다. 하버드 의대에서 전공의 과정을 마쳤습니다. 아동 정신 의학 분야에서 전문의 자격을 취득했습니다. 21권의 책을 썼는데 대략 200만 부 정도 팔렸습니다. 72세의 나이인데도 매일 환자를 보느라 여전히 바쁩니다. 그리고 가장 중요한 것은, 아내 수와 34년 동안 행복한 결혼 생활을 해왔고, 모두 제게서 ADHD를 물려받은 세 아이를 함께 키웠다는 사실입니다.

그렇지만 이 소위 병이나 장애라 불리는 것을 가지고도 기념비적인 성공을 거둔 사람들에 비하면 저는 보잘것없는 사람에 불과합니다. 옆 페이지에 있는 글상자를 한 번 살펴보세요.

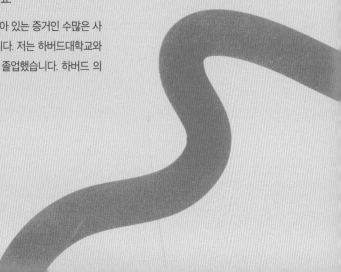

# 진실 vs 허구

## 허구 :

ADHD는 바보를 뜻하는 화려한 단어일 뿐이다. 당신이 성공한 사람이라면, ADHD일 수 없다.

## 진실 :

분야를 하나 대 보세요. 그러면 제가 ADHD가 있으면서 그 분야의 정점에 선 사람의 이름을 대겠습니다. 우리 가운데는 노벨상 수상자들, 자수성가한 백만장자와 억만장자들, 온갖 분야에 있는 성공적인 사업가들이 있습니다. 세계적인 수준에 오른 요리사들, 체스 마스터들, 첼로 연주가들, 코미디언들, 암호학자들, 화학자들, 심장병 전문의들, 지도 제작자들, 택시 기사들은 물론, 심지어 범죄자들까지 있습니다. 게다가 이건 일부 사례에 불과합니다. 사례의 앞글자를 따면, 알파벳의 모든 글자를 여러 번 반복해서 쓸 수 있을 정도입니다.

# 의심스러울 땐,
# 과학을 보세요

최근까지도 많은 사람이 ADHD를 일시적 유행이나, 한 영국인 심리학자가 제게 말했다시피, "미국의 발명품"으로 일축했습니다. 그 심리학자는 ADHD가 아이를 잘 기르는 데 필요한 일을 하지 않는 부모를 둔, 제대로 훈육받지 못하고, 게으른 아이들을 위한 가공의 변명거리로 여겼습니다.

그러나 머지않아 과학이 승리했습니다. 세계가 평평하지 않으며, 지구가 정지해 있지 않으며, 지구가 태양계의 중심에 있는 최고의 보석이 아니라는 사실을 사람들이 결국 받아들였듯 말입니다.

ADHD에 대한 사람들의 자연스러운 편견을 극복하기는 쉽지 않았습니다. 표면적으로는, ADHD가 책임 회피를 위해 고안된 변명거리로 보였기 때문입니다.

**두 가지 사례를 살펴보겠습니다.**

**교사**

숙제는 어디 있죠?

**학생**

했는데, 집에 두고 왔어요. 전 ADHD가 있거든요.

**상사**

왜 매번 회의에 지각하는 겁니까?

**직원**

제가 ADHD가 있다 보니 시간 감각이 안 맞습니다.

**두 대답은 모두 "명백히" 형편없는 변명입니다.**

그렇지만 무언가가 가짜처럼 보인다고 해서 그것이 실제로 가짜인 것은 아닙니다. 따지고 보면, 세상이 평평하다는 이야기나 지구가 정지해 있다는 이야기보다 더 "명백해" 보이는 것이 무엇이란 말입니까?

ADHD는 책임 회피를 위한 변명거리가 아닙니다. 세무서 직원에게 "제가 ADHD가 있어서요. 세금을 내야 한다는 걸 못 기억해요."라고 말할 수는 없습니다.

그러거나 말거나 우리는 세금을 내야만 합니다. 오히려 ADHD는 여러분이 더 효과적으로 책임을 질 수 있게 도와주는 강력한 설명입니다. 가령 납세 신고를 도와줄 사람을 찾는다고 생각해 보세요.

## 명심하세요

미진단 ADHD와 함께 사는 것은 와이퍼가 고장 난 자동차를 타고 폭풍우 속에서 운전하는 것과 같습니다. 길이 거의 보이지 않는 셈이죠. 저는 이 책을 읽는 것이 고성능 와이퍼를 장착하여 여러분이 미래에 자신 있게 길을 찾을 수 있게 하는 행위라는 생각을 즐깁니다. 이 책은 ADHD와 함께 최고의 삶을 살기 위한 조언들로 가득한 책이기 때문입니다.

문화적 가치가 ADHD를 이해하는 것을 방해하기도 합니다. 서구 문화권에서는, 특히 영국과 미국에서는 노력을 무엇보다 중요한 가치로 여깁니다. 노력의 힘에 관한 숭배에 가까운 믿음이 어찌나 강한지 거의 우리를 정의하다시피 합니다. 성공의 열쇠는? 노력. 곤경에서 벗어날 방법은? 절대 포기하지 않는 것. 토머스 에디슨이 한 불멸의 말은? 천재는 1%의 영감과 99%의 노력으로 이루어진다.

ADHD가 게으름의 이유를 설명하는 데 쓰일 때, 발끈하는 사람들이 있습니다. 이들에게 이 "장애"는 명백한 날조입니다. 시간을 지키는 것을 중요하게 여기지 않는 사람들이 내뱉는 변명이자, 성적이 나쁜 학생들이 게으름을 정당화하는 구실이자, 재능과 상상력이 대단하긴 하지만, 시간도 엄수하지 못하고 생각하는 모든 것을 불쑥 내뱉는 얼빠진 직원들을 해고할 수 없는 이유입니다.

그러거나 말거나, 우리는 지구평면론자의 대열에 합류하지 맙시다. 우리 직감과 상식이 이성과 증거, 과학을 대체하고, 무소불위로 군림하지 못하게 합시다. 과학은 결국 신념 체계가 아닙니다. 과학은 알려진 것에 관한 지식 체계입니다. 그리고 ADHD의 타당성은 바로 이 과학적 연구를 통해 확립되었습니다.

1990년에 저명한 <뉴잉글랜드 저널 오브 메디신(NEJM)>에 실린 획기적 논문은 과학의 지도에서 ADHD의 위치를 확실히 했습니다. 이 연구는 어린 시절에 ADHD 병력이 있었던 성인과 그렇지 않았던 성인의 뇌를 비교한 연구로, 양 측의 포도당 섭취와 뇌 활동에 차이가 있음을 보여주었습니다. **뇌 활동이 감소한 뇌 영역과 ADHD에서 나타나는 증상에는 상관관계가 있었습니다. 보시다시피, 과학은 ADHD를 이해하는 데 도움을 줍니다.**

# 그러면 ADHD의 공식 정의는 무엇일까요?

최신판 'DSM(정신 질환 진단 및 통계 편람)'은 전 세계의 의사와 여타 임상의들에게 의지하여 ADHD의 보편적으로 합의된 정의를 제공하고 있습니다. 제한적이고 환원주의적인 정의이긴 하지만, 이러한 정의가 있어야만 연구를 진행할 수 있으며, 무엇이 ADHD고 무엇이 아닌지에 관한 모호성을 해결할 수 있습니다.

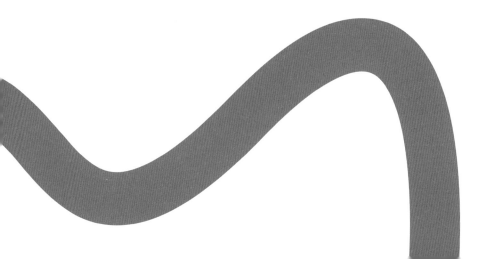

# 주의력결핍/과잉행동 장애 (ADHD)

## [정의]

---

**A.** (1)이나 (2) 또는 둘 모두가 특징인, 기능이나 발달을 방해하는 주의력결핍이나 과잉행동 - 충동성의 패턴이 계속 나타납니다.

**1. 주의력결핍:** 다음 중 6개 (혹은 그 이상의) 증상이 발달 수준과 맞지 않고, 사회적·학업적/직업적 활동에 직접 부정적인 영향을 미치는 수준으로 최소 6개월 이상 계속해서 나타납니다.

> **주의:** 적대적 행동, 반항, 적개심, 과제나 지시를 이해하지 못하는 등의 증상은 단독으로 나타나지 않습니다. 후기 청소년이나 만 17세 이상의 성인일 경우에는 최소 5가지가 넘는 증상이 나타나야 합니다.

**a.** 학업, 업무, 혹은 다른 활동 중에 세부 사항에 주의를 기울이지 못하거나 부주의한 실수를 할 때가 많습니다(예시: 세부 사항을 간과하거나 놓침, 작업에 오류가 있음).

**b.** 작업이나 놀이 활동에서 주의를 지속하는 데 어려움을 겪을 때가 많습니다(예시: 강의, 대화, 긴 글 읽기 중 집중력을 유지하는 데 어려움을 겪음).

**c.** 직접 말을 걸었음에도 귀를 기울이지 않는 듯이 보일 때가 많습니다(예시: 주의 분산을 일으킬 만한 것이 명백히 존재하지 않는데도, 마음이 다른 곳에 가 있는 듯함).

**d.** 학교 공부, 집안일, 업무를 할 때 지시사항을 따르지 않고 과업을 끝내지 못할 때가 많습니다(예시: 과업을 시작하지만 빠르게 집중력을 잃고 옆길로 샘).

**e.** 과업과 활동을 체계화하는 데 어려움을 겪을 때가 많습니다(예시: 순차적인 작업을 잘 해내지 못함, 재료와 소지품을 정돈된 채로 유지하지 못함, 작업물이 지저분하고 정돈되지 않음, 시간 관리를 잘하지 못함, 마감 기한을 준수하지 못함).

**f.** 계속해서 심력을 쏟아야 하는 작업을 피하거나, 싫어하거나, 꺼릴 때가 많습니다(예시: 학교 공부나 숙제. 후기 청소년이나 성인의 경우: 보고서 작성, 서류 작성, 장문의 문서 검토).

**g.** 과업이나 활동에 꼭 필요한 것을 잃어버릴 때가 많습니다(예시: 학교 자료, 연필, 책, 도구, 지갑, 열쇠, 서류, 안경, 휴대 전화 등).

h. 외부 자극에 주의를 빼앗길 때가 많습니다(후기 청소년과 성인의 경우는 관련이 없는 생각이 외부 자극에 포함될 수 있습니다).

i. 일상적 활동을 잊어버릴 때가 많습니다(예시: 집안 일, 심부름. 후기 청소년이나 성인의 경우: 전화 화답, 고지서 납부, 약속 지키기).

## 2. 과잉행동 - 충동성

다음 중 6개 (혹은 그 이상의) 증상이 발달 수준과 맞지 않고, 사회적·학업적/직업적 활동에 직접 부정적인 영향을 미치는 수준으로 최소 6개월 이상 계속해서 나타납니다.

**주의:** 적대적 행동, 반항, 적개심, 과제나 지시를 이해하지 못하는 등의 증상은 단독으로 나타나지 않습니다. 후기 청소년이나 만 17세 이상의 성인일 경우에는 최소 5가지가 넘는 증상이 나타나야 합니다.

a. 손이나 발을 가만두지 못하거나 톡톡 치거나, 자리에서 몸을 비비 꼴 때가 많습니다.

b. 제자리에 있어야 하는 상황에서 자리를 비울 때가 많습니다(예시: 교실, 사무실, 작업장, 혹은 여타 제자리를 유지해야 하는 상황에서 자리를 비움).

c. 부적절한 상황에서 뛰어다니거나 무언가를 타고 오릅니다(후기 청소년이나 성인의 경우는 불안감을 느끼는 데서 그칠 수 있습니다).

d. 놀이나 여가 활동에서 조용히 하지 못할 때가 많습니다.

e. 마치 "모터라도 달린 듯" 행동하며 "끊임없이 움직일" 때가 많습니다(예시: 레스토랑이나 회의장에서 장시간 가만히 있지 못하거나 불편함을 느낌. 다른 사람들은 대상자가 안절부절못한다거나, 대화를 따라가기 어렵다는 느낌을 받을 수 있습니다).

f. 말이 과도하게 많을 때가 많습니다.

g. 질문이 끝나기 전에 불쑥 대답할 때가 많습니다(예시: 다른 사람이 말하려는 문장을 먼저 완성해버림, 대화 시 차례를 기다리지 못함).

h. 차례를 기다리는 것을 힘들어할 때가 많습니다(예시: 줄 서는 것을 힘겨워함).

i. 다른 사람의 활동에 끼어들거나 방해할 때가 많습니다(예시: 대화나 게임, 활동에 끼어듦, 다른 사람의 물건을 부탁하거나 허락받지 않은 채로 씀. 청소년이나 성인의 경우: 다른 사람이 하는 일을 방해하거나 가로채서 함).

**B.** 주의력결핍 혹은 과잉행동 - 충동 증상이 만 12세 이전에 여러 개 나타납니다.

**C.** 주의력결핍 혹은 과잉행동 - 충동 증상이 2개 이상의 환경에서 나타납니다(예시: 가정, 학교, 직장, 친구나 친인척과 함께할 때, 혹은 여타 활동을 할 때).

**D.** 증상이 사회적, 학업적, 직업적 기능을 저해하거나 질적으로 떨어뜨리는 명확한 증거가 있습니다.

**E.** 증상이 조현병이나 다른 정신병적 장애의 경과에 따라서만 나타나는 것이 아니며, 증상을 더 잘 설명하는 다른 정신 질환이 없습니다(예시: 기분 장애, 불안 장애, 해리 장애, 인격 장애, 약물 중독, 금단 증상 등).

---

### 다음 중 무엇에 속하는지 확인하세요

~ **증상이 결합하여 나타나는 경우:** 지난 6개월 동안 진단기준 A1(주의력결핍)과 진단기준 A2(과잉행동 - 충동성)를 모두 충족하고 있을 때.

~ **주의력결핍 증상이 주로 나타나는 경우:** 지난 6개월 동안 진단기준 A1(주의력결핍)은 충족했지만, 진단기준 A2(과잉행동 - 충동성)는 충족하지 않았을 때.

~ **과잉행동/충동성 증상이 주로 나타나는 경우:** 지난 6개월 동안 진단기준 A2(과잉행동 - 충동성)는 충족했지만, 진단기준 A1(주의력결핍)은 충족하지 않았을 때.

### 다음에 해당하는지 확인하세요

**증상이 일부 경감된 경우:** 이전에는 진단기준을 완전히 충족하였는데 지난 6개월 동안에는 진단기준을 완전히 충족하지 않았으며, 그런데도 증상이 계속해서 사회적, 학업적, 직업적 기능에 장애를 일으키고 있을 때.

### 현재 중증도가 어떤지 확인하세요

~ **경도:** 진단에 필요한 증상을 넘어서는 증상이 거의 나타나지 않으며, 나타난다고 하더라도 가벼운 기능 장애만을 불러올 때.

~ **중등도:** "경도"와 "고도" 사이에 속하는 증상이나 기능 장애가 나타날 때.

~ **고도:** 진단에 필요한 증상을 넘어서는 증상이 많거나, 특히 심각한 증상이 여럿 존재하거나, 증상의 결과로 사회적, 직업적 기능에 눈에 띄는 장애가 나타날 때.

# 화성인 테스트

1장의 시작은 'ADHD가 무엇인가요?'라는 질문이었습니다. 지금 이 순간, 웬 화성인이 여러분에게 걸어온다고 상상해 보세요. 그러더니 몇몇 인간들이 ADHD에 관해 이야기하는 것을 들었다면서 ADHD가 무엇인지 궁금하다고 말했다고 상상해 보세요. 그러면 여러분은 뭐라고 답할 건가요?

공식 정의를 따라 읊는 대신 자기 자신의 언어로 ADHD를 설명할 수 있다면, 여러분은 ADHD 이해에 다가가고 있는 셈입니다. 그리고 그 이해는 여러분이 세상에 존재하는 고유한 방식에, 그 끊임없이 변화하는 실체에 더 가까이 다가가게 해줄 것입니다.

# Chapter 2

# ADHD가 있는 사람은 누구인가요?

ADHD의 요점을 파악하면 새로운 세상이 열립니다. 어디서나 ADHD가 보이기 시작합니다. 여러분 자신 안에서뿐만 아니라 주위 사람들 다수에서도요. 간단히 말해서, 스스로 알지 못한 채로 ADHD가 있는 사람들이 아주 많습니다. 성인의 경우는 특히 그렇습니다.

ADHD를 '이해'할 수만 있다면 – 이 책을 읽으면 훨씬 더 빨리 '이해'할 수 있을 겁니다 – 여러분은 수많은 재능 있고, 흥미로운 사람들을 완전히 새로운 관점에서 바라보게 될 것입니다. 특히 휘발유처럼 활기가 넘치는 사람들, 창의적이지만 재능을 다 활용하지는 못하는 사람들, 재능은 있지만 어째서인지 "진척이 없는" 온갖 연령대의 사람들을 완전히 다시 보게 될 것입니다.

아마도 ADHD가 있는 사람들을 역학 연구가 제시하는 수치보다 더 많이 보게 되실 겁니다.

# ADHD는 전 세계적으로 얼마나 흔한가요?

ADHD는 전 의학 분야를 통틀어 가장 많이 연구되는 질환 가운데 하나입니다. 그래서 전 세계의 ADHD 유병률에 관한 연구가 수십여 개 존재합니다. 대다수 연구가 제시한 전 세계의 ADHD 유병률은 5.29%에 수렴하는데, 저는 5%라고 치겠습니다. 유병률 면에서, 북미는 유럽과 별 차이가 없었지만, 아프리카와 중동과는 약간의 차이가 있었습니다. 이 차이는 연구 방법론의 차이에서 비롯됩니다. 여기에는 진단기준의 차이, (진단에 필요한) 장애 정도를 평가하는 기준의 차이, 집계한 정보의 출처 차이 등이 포함됩니다.

의학 질환의 관점에서 5%란 상당히 큰 수치입니다. 그러나 오랫동안 ADHD를 치료하고 연구해온 사람으로서 저는 말씀드릴 수 있습니다. 이 질환으로 심각한 증상을 겪는 사람이나, 흔히 심각한 증상에 뒤따르는 재능이 있는 사람의 비율은 채 5%가 넘지 않으며, 그러므로 의학적 도움을 받는 비율도 채 5%가 되지 않습니다. 저는 ADHD 유병률이 25%에 가까울 것으로 추정하는데, 메이요 클리닉의 최근 연구는 이 수치를 지지합니다.

**DSM 진단기준을 충족하지는 않지만, 여전히 치료할 가치가 있는 유형의 ADHD 유병률은 DSM이 정의한 전 세계 유병률 5%보다 훨씬 더 높습니다.**

달리 말해, 임상적으로 유의미한 ADHD는 DSM 진단기준을 충족하는 ADHD보다 전 세계적으로 훨씬 더 널리 퍼져 있습니다. 이 수치는 최소 25%에 달합니다.

대다수 연구는 전 세계적
ADHD 유병률이 5%라는
것에 동의합니다.

그러나 저는 최소 25%의
사람들이 유의미한 증상을
겪고 있을 것으로 추정합니다.

# ADHD의
# 간략한 역사

대다수 사람들은 ADHD가 현대에 발견되었다고 생각할 수 있지만 사실은 그렇지 않습니다. 이 용어가 1987년에 공식 명칭이 되었으므로, ADHD라는 이름은 비교적 새로운 이름이긴 하지만, 그 증상 자체는 인류만큼이나 오래되었습니다.

### 기원전 400

의학의 아버지인 그리스인 의사 히포크라테스가 쓴 글에서 현재 우리가 ADHD라고 부르는 것에 관한 설명을 찾아볼 수 있습니다. 히포크라테스는 이 질환이 몸에 물보다 불이 많아서 생긴 불균형에 의한 것으로 보았기에, 치료를 위해 물을 많이 마시라고 권했습니다.

### 1600년대

철학자 존 로크는 의사이기도 했는데, 교육에 관한 에세이를 쓰면서 일부 아이들에 대해 "마음이 배회하지 않게 할 수 없다"라고 적었습니다.

## 1798년

1798년에는 또 다른 의사였던 알렉산더 크라이튼이 그가 "주의력 질병"이라 부른 질병에 관해 설명했는데, 이는 오늘날의 ADHD와 일치합니다.

## 1800년대

19세기 내내, 여러 의학 교과서가 이 주제를 다루었으며, "과다변형증", "단순 과다흥분증", "초조한 아이" 등 이 질환에 형형색색의 이름을 붙였습니다.

## 1937년

1937년 내과의 찰스 브래들리가 어린 남자애들에게 암페타민을 투여하면서 큰 전환점이 찾아왔습니다. 이전에는 의욕이 있었음에도 산수를 배울 수 없었던 아이들이 단 몇 분 만에 자리를 잡고 산수를 배우기 시작한 것입니다. 당시 흔히 사용하던 진단 용어는 "유년기 과잉행동"이었습니다.

## 1902년

1902년 소아과 의사 조지 스틸은 일련의 강의에서 그가 "비정상적 도덕적 통제 결함"이라고 부르는 것에 관해 설명했습니다. 그것은 바로 ADHD였습니다. 슬프게도, 스틸이 "도덕적"이라는 단어를 쓴 바람에 ADHD는 도덕적 결함이자 나약한 성품의 산물이며, 노력이나 처벌을 통해 고칠 수 있다는 잘못된 믿음이 강해졌습니다.

## 1981년

제가 이 놀랍도록 흥미로운 이 질환을 알게 되었던 1981년 당시에는 이 질환의 이름이 '주의력결핍 장애(ADD)'로 바뀌어 있었습니다.

## 1987년

1987년이 되어서야, 이 질환은 오늘날에도 쓰이는 명칭인 ADHD라 불리기 시작했습니다.

# 어떤 사람이 ADHD로 진단받나요? 그리고 어떤 사람은 진단받지 못하나요?

1980년에 발표된 공식 진단 안내서인 『정신 질환 진단 및 통계 편람 3판』 즉 DSM-3는 당시 ADD라 불린 질환에 관해 "이 장애는 여자아이들보다 남자아이들에게서 10배 더 많이 발생한다"라고 언급하고 있습니다. 그러나 2019년도 연구에 따르면, ADHD에 기반한 주의력결핍 증상으로 진단받는 경우는 남자아이들보다 오히려 여자아이들에게서 많았습니다. 반면, 과잉행동과 충동성 증상까지 포함하면 남자애들이 여자애들보다 진단받는 경우가 더 많았습니다.

오늘날 진단받는 남성과 여성의 비율은 2:1 정도입니다. 그러나 제 견해로는 진짜 비율은 1:1에 더 가깝습니다. 여성은 아이와 성인 모두에서 과잉행동과 충동성에 따른, 커다란 지장을 주는 증상이 나타나지 않는 경향이 있습니다. 그러나 진실은 정 반대에 가까우며, 이 때문에 진단 시 ADHD를 완전히 놓칠 수 있습니다.

현재까지 미진단 ADHD군에서 가장 큰 집단은 성인 여성입니다. 성인 ADHD 전문가 렌 애들러의 추정에 따르면, ADHD가 있는 성인의 80%는 그 사실을 몰라서 치료를 받지 못하고 있습니다. 성인, 특히 성인 여성의 ADHD는 과잉 진단되기는커녕, 엄청나게 과소 진단되고 있습니다. 치료가 필요한 여성 10명 가운데 9명은 우울증이나 불안증, 혹은

**ADHD가 있는 성인
가운데 80%는 그
사실을 모릅니다.**

둘 다로 진단받고 항우울제를 복용하는데, 이 여성에게 필요한 것은 항우울제가 아닙니다.

2019년도 연구에 따르면, 연구 기간 도중에 어린아이보다 4배나 더 많은 성인이 ADHD로 진단받으면서, 성인의 진단율이 아이의 진단율을 따라잡고 있습니다. 그렇다 하더라도, ADHD가 있는 성인 대다수는 진단이나 치료로 전혀 득을 보지 못하고 있습니다.

## 명심하세요

ADHD만 진단받을 것이 아니라, 전체적인 진단을 받아야만 합니다. ADHD가 단독으로 발생하는 경우는 거의 없습니다. 제 경우는 ADHD 외에도 난독증이 있습니다. 불안증, 우울증, 행동 장애는 물론, 제가 8장 중독에서 다룰 중독과 물질사용장애(SUD)가 같이 있는 경우가 드물지 않습니다.

# ADHD 증상이 일부만
# 나타나면 어쩌죠?

1장 마지막 부분(37 - 39쪽 참조)에 실린 DSM - 5의 ADHD 정의를 읽어보세요. 아이가 ADHD로 진단받으려면 주의력결핍이나 과잉행동 – 충동성, 혹은 둘 모두에서 관련 증상 9개 중 6개 이상이 나타나야 합니다. 반면, 성인이나 후기 청소년은 진단에 관련 증상 5개 이상이 필요합니다.

그런데 여러분에게 이보다 적은 수의 증상만 나타나면 어쩌죠? 엄격하게 말하면, 여러분은 ADHD가 아닙니다. DSM은 반드시 기준점을 설정해야 합니다. 그래야만 여러 연구자가 동일한 ADHD의 정의를 사용하여 연구를 진행할 수 있으니까요. 연구 시, 정의는 분명해야 – 말하자면 엄격해야 – 합니다. 정의에는 재량이나 오차가 들어갈 여지가 없어야만 합니다. 과학에는 엄밀성이 필요하기 때문입니다. 그러나 우리는 연구자라기보다는 ADHD를 치료하는 사람입니다. 우리의 정의는 연구자에게 필요한 정의처럼 엄격하거나, 엄밀하거나, 문자 그대로 적용될 필요가 없습니다.

가령 주 진단이 우울증, 불안 장애, 양극성 장애, ADHD 가운데 무엇이기 판단하기 어려운 때가 있습니다. 이러한 진단들의 경계선이 흐릿할 때가 많기 때문입니다. 그래서 어떨 때는 네 가지 모두를 진단하기도 합니다. 비슷한 이유로 '외상 후 스트레스 장애(PTSD)'나 '일차 물질사용장애', 기분부전장애(만성적으로 불행한 상태를 나타내는 화려한 용어)를 ADHD와 구분하기는 어렵습니다. 다시금, 네 질환 모두를 동시에 진단하는 처지에 놓일 수도 있습니다. 그러나 어쩌면 구분하기에 가장 어려운 것은 – 이것이 바로 감별진단, 즉 하나 혹은 그 이상의 질환으로 진단하기 전에 여러 가능성을 저울질하는 행위입니다 – 현대인의 가혹한 삶을 살아가는 사람들과 유전적으로 전달되는 진짜 ADHD가 있는 사람들을 구분하는 것일지도 모릅니다.

그래서 증상이 6가지가 아니라 5가지만 있다고 해서 제가 여러분을 치료하지 않을까요?

아니요. 전혀 그렇지 않습니다. 저는 교과서가 아니라 환자를 치료합니다. 여러분을 공식적으로 ADHD로 진단하거나 진단 기록을 남기진 않겠지만, 저는 여러분을 괴롭게 하는 것들을 해결하기 위해 여러분과 함께 노력할 것입니다. 진단에 관한 논쟁은 학계에 맡겨두고요.

**제 사명과 목표는 여러분과 같습니다. 그것은 바로 여러분이 가능한 한 최고의 삶을 살게 하는 것입니다. 그러므로 두세 가지 증상만 나타나는 독자라 하더라도 이 책에서 도움이 되는 부분을 찾아낼 수 있을 겁니다.**

# 흐릿한 경계선

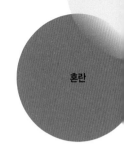

혼란

여러 진단의 경계선이 다 같이 흐릿할 수도 있습니다. 인간의 정신을 진단할 때는 특히 그렇습니다. 인간의 본성에 관해 이야기하면서 여기까지는 ADHD에 속하는 땅이고, 여기서부터는 불안증에 속하는 땅이란 식으로 말할 수는 없습니다. 둘은 분리된 나라가 아닙니다. 두 나라는 서로 겹쳐 있습니다.

정신 건강은 경계선이 분명한 지도라는 모델보다는 색상이라는 모델로 설명하는 편이 더 낫습니다. 어쨌든 색은 서로 겹치고 섞일 수 있으니까요. 그러면 색, 즉 감정이 섞이기 시작하면 어떻게 될까요? 가끔은 훌륭한 예술 작품이 되지만, 보통은 엉망진창이 됩니다. 요점은 색상 모델이 인간 본성을 설명하고 장애를 진단하는 더 세밀하고 개별화한 방법을 제공한다는 사실입니다.

예를 들어, 우리는 이렇게 말할 수 있습니다. "로저는 빈번한 분노의 삽화²로 변색되고, 죽음에 대한

² 비정상적인 기분이 계속되는 양상 - 옮긴이

극심한 두려움으로 짙어진, 심각한 우울증을 앓고 있습니다." 그런 다음에 수치심, 죄책감, 또는 소외감으로 음영을 더 할 수 있습니다. 예를 들어, 이렇게 말할 수 있습니다. "로저가 가장 최근에 겪은 우울 삽화는 그가 호텔 방에 들어갔을 때 촉발되었습니다. 침구부터 휑한 천장 조명, 조잡한 커튼에 이르기까지, 방안의 모든 것이 낯설었기에 로저는 자신이 그곳과 어울리지 않는다는 감정으로 가득 찼습니다. 그로 인해 로저의 희망과 기운은 순식간에 고갈되었습니다."

이 모든 것들이 로저의 심적 상태를 세밀하게 그려냅니다. 부러움, 질투, 경쟁심, 유감, 갈망, 동경, 후회 같은 색들을 쉽게 얼마든지 더할 수 있습니다. 그러나 여기서는 ADHD를 설명한다는 목적을 다하기 위해서, 저는 여러분을 DSM의 환원주의적 세계에서 떼어내고 한없이 다채로운 실제 ADHD 세계를 소개하는 데 집중하고 싶습니다.

비통

사랑

질투

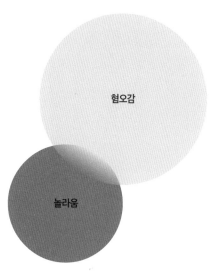

# 여러분의 ADHD는
# 어떤 색인가요?

똑같은 사람이 없듯이 똑같은 ADHD 사례도 없습
니다. 그렇지만 우리가 공유하는 공통점들이 있습
니다. 둘은 한 쌍을 이루는데, 하나는 긍정적이고
하나는 부정적입니다. 다음 장에서는 한 쌍을 이루
는 공통점에 관해 자세히 살펴보겠습니다.

**저는 여러분 자신의 모습을 그림으로 그려보길 권
합니다. 여러분을 여러분으로 만드는 다양한 요소
와 특성을 여러분과 어울리는 톤과 색조로 그려보
세요.**

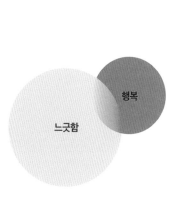

# Chapter 3

# ADHD
# 사과나무

3장에서는 사람들이 잘 모르는 ADHD의 측면을 소개하려고 합니다. 그 시작으로, 여러분이 마음속에 사과나무를 그려보았으면 좋겠습니다. 여러 번 수확된, 셀 수 없이 많은 아이들이 올라탄 사과나무를 상상해 보세요. 가지가 잘 뻗은 나무를 떠올려 보세요. 가지마다 초록색 이파리가 무성하고, 과즙이 많은 빨간 사과가 마치 따달라고 애원하는 듯이 주렁주렁 달린 모습을 떠올려 보세요. 이 주렁주렁 열린 사과들이 저를 도와 ADHD에 관한 중요한 진실을 밝혀줄 겁니다. 이것은 제가 옛날식으로, 사람들이 말하는 자기 자신에 관한 이야기를 들으면서 알게 된 진실입니다.

중요한 사실은 바로, ADHD가 상반된 한 쌍의 속성으로 이루어졌다는 것입니다. 모든 긍정적인 특성은 부정적인 특성과 짝을 이룹니다. 이것이 바로 ADHD가 완전한 축복이나 저주가 아니라, 어느 정도 둘 모두에 속하는 이유입니다.

# ADHD의 긍정적/부정적 특성들

**상상한 사과나무를 다시 한번 살펴보세요. 한번 가까이서 살펴보세요.** 과즙이 많은 새빨간 사과 하나하나마다 라벨이 붙어 있을 겁니다. 라벨에는 호기심이나 창의성 같은, 흔히 ADHD에 따라오는 긍정적 특성들이 적혀 있을 거고요. 그렇지만 가까이서 계속 살펴보면, 사과마다 안에 벌레가 있으니 주의하라는 경고문이 적혀 있다는 사실 또한 알게 되실 겁니다.

사과 안에 있는 벌레들은 긍정적 특성에 딸려오는 부정적 특성을 나타내는데, 이 상반되는 두 속성은 한 쌍을 이룹니다. 제 일은 여러분에게 벌레를 씹지 않고 사과를 먹는 법을 보여주는 것입니다.

## 명심하세요
〰〰〰〰

ADHD를 이해하려면 반드시, 모든 부정적 측면에는 저마다 긍정적 측면이 있다는 사실을 깨달아야 합니다. 우리의 단점에는 전부 그에 상응하는 ─ 더 강력하지는 않더라도 똑같이 강력한 ─ 장점이 있습니다. 가령 호기심은 산만함에 대응하는 장점입니다. 그리고 창의성이란 옳은 방향으로 발휘한 충동성이 아니겠습니까?

이제 한 쌍의 특성들, 즉 사과 안에 든 축복과 벌레를 살펴보면서 시작
해 봅시다. 이 목록을 읽다 보면 ADHD가 있는 사람은 어떤 모습인지
에 관한 복합적인 생각이 떠오를 겁니다. 이 사람은 아마 여러분이나
여러분이 아는 사람과 닮은 모습일 겁니다.

| 긍정적 특성 | 부정적 특성 |
|---|---|
| 호기심 | 산만함 |
| 창의성 | 충동적임 |
| 기운참 | 과잉행동 |
| 독특함 | 규칙에 따르기를 주저함 |
| 끈질김 | 고집이 셈 |
| 독창적임 | 어리석음 |
| (선택적일지언정) 탁월한 기억력 | 흥미 없는 일은 곧잘 잊어버림 |
| 충실함 | 잘못된 대의명분을 내세우는 사람에게 충성할 수 있음 |
| 아이디어가 넘쳐남 | 아이디어 체계화에 어려움을 겪음 |
| 관심이 있을 땐 초 집중력을 발휘함 | 흥미가 없을 때는 마음이 배회함 |
| 스트레스와 자극이 심한 환경에서 잘 지냄 | 고강도 자극이 없으면 멍하니 있음 |
| 구조 속에서 잘 삶 | 구조에 저항함 |

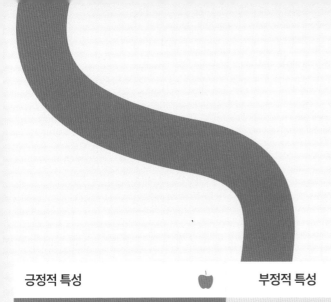

| 긍정적 특성 | 부정적 특성 |
| --- | --- |
| 극히 작은 세부 사항까지 알아차림 - 관심이 있을 때만 | 관심이 없는 것들은 무시함 |
| 기운과 열기, 흥이 넘침 | 어두운 기분에 빠지고 자책함 |
| 사명감에 이끌림. 몽상가거나 공상가임 | 이유 없이 지루해함 |
| 강한 직관력이나 육감을 지님. 흔히 신성한 존재를 느낌 | 직감에 과하게 의존하거나 직감에 휘말려 듦. 사이비 종교에 취약함 |
| 새로운 경험에 이끌림 | 어리석은 위험을 감수할 수 있음 |
| 세상을 바꾸고 싶어 함 | 과도한 종교적 열성에 빠질 수 있음 |
| 타고난 지도자거나 기업가임 | 지시에 따를 때나 조직 생활을 할 때 어려움을 겪음 |
| 타인의 고통을 느낌, 약자의 대변자임 | 때때로 남들이 어떤 감정을 느낄지 전혀 이해하지 못함. 연락이 닿지 않거나, 멀게 느껴질 수 있음 |
| 자유를 갈망함 | 권위를 받아들이는 데 어려움을 겪음 |
| 무언가를 만들고, 창작하고, 기르고자 하는 욕구가 있음 | 창의성을 발산하지 못하면 우울해함 |

# 단점과 함께
# 살아가기

제 경험상, ADHD가 있는 여성들은 흔히 학교에서 자신만의 공상에 잠긴 채로, 조용히 지내는 편입니다. 이들은 아주 큰 노력을 기울여 공부를 잘할 수도 있고, 그렇지 않을 수도 있습니다. 이와는 대조적으로, ADHD가 있는 남성들은 대부분 학교생활을 하면서 어려움을 겪고, 이해받지 못한다는 감정을 느꼈을 가능성이 높습니다(실제로 이해받지 못하니까요). 공부를 계속해서 대학에 입학하더라도 교육 과정에서 느끼는 좌절감에 진저리치며 자퇴하는 경우가 많습니다. 물론 ADHD가 있는 사람들 가운데 일부는 대학을 졸업하거나 대학원에서 학위를 따기도 하지만, 조용히 자신들의 꿈을 포기하는 사람들이 그보다 훨씬 더 많습니다.

성별을 불문하고, ADHD가 있는 사람은 그 누구에게도 이해받지 못하는 경험을 오랜 세월에 걸쳐 반복적으로 겪습니다. 부모와 교사는 물론 심지어 자기 자신에게도 이해받지 못합니다. 이들이 겪는 좌절감과 저성취는 자존감에 심각한 타격을 입습니다. 이것은 흔히 우울증이나 이따금 도지는 불안증은 물론, 알코올이나 기타 약물을 자가처방하거나, 도박, 섹스, 지출 등에 중독되거나 강박적으로 빠지는 것으로 이어집니다. 전부는 아닐지언정 ADHD가 있는 많은 사람은 직면한 문제를 어찌어찌 — 대개는 아주 잘 — 해결하고 상쇄하는 방법을 찾아냅니다. 그렇지만 그 대가는 무엇일까요?

세월이 흐를수록 부정적인 것들이 관심과 시간, 돈을 점점 더 많이 끌어당기기 마련입니다. 삶이란 그런 법이니까요. 결혼했거나 연애 중인 사람들은 이러한 문제와 매일 같이 씨름해야 할 수도 있습니다. 그러면 한 쌍인 두 사람은 저마다 좋았던 시절은 어디로 갔는지, 대체 뭐가 잘못된 것인지 의아해합니다. 그렇게 희망은 사그라집니다.

직장에서도 마찬가지로 부정적인 것들이 두드러지는 패턴이 나타날 수 있습니다. ADHD가 있는 사람들은 재능과 잠재력이 뛰어나다는 찬사를 받긴 하지만, 동시에 성과를 내지 못해 일자리를 잃을 가능성에 점점 더 다가가고 있습니다.

저를 찾아오는 성인 대다수는 이미 여러 직업, 심지어 커리어를 전전했거나, 다 포기하고 현상을 유지하는 데 정착한 사람들입니다. 이들은 바로 옆에 있는 파멸과 암울의 구렁텅이에 빠지지 않기 위해서, 임시방편으로 살아가거나 주먹을 꽉 쥐고 일상을 감내하고 있습니다.

적절한 도움을 받거나 특별한 연인이나 배우자를 만나는 커다란 행운을 얻지 못하는 한, 내림세는 대개 계속해서 이어지는데, 이들은 이 사실을 가능한 한 오래 감추려고 합니다. 우리 ADHD가 있는 사람들은 자부심이 강한 편입니다. 우리에게는 상처를 드러내고 도움을 받느니 홀로 고통받는 편이 낫다고 생각하는 경향이 있는 듯합니다.

**이상한 일입니다. ADHD가 있든 없든, 너무도 많은 사람이 삶에 다른 사람을 들이는 대신, 자기 자신만의 지옥에서 살아가기를 택합니다. 진정한 관계에는 지옥을 안식처로 바꿀, 나아가 천국과 같은 곳으로 바꿀 힘이 있는데도 말입니다.**

# 우리가 무시하는 선물

그러나 모든 문제 안에는 재능, 즉 긍정적 특성이 숨어 있습니다. 재능은 거의 항상 그곳에 있지만, 나이를 먹으면서 점점 사그라들 수 있습니다. 그러니 우리 ADHD가 있는 사람들은 재능이 전부 사라지기 전에 재능을 확인하고 발굴해야 합니다.

최선을 다하고는 있지만, 우리는 일과 사랑 모두에서 우리를 회복시키고, 만족스럽고 성공적인 삶으로 이끌어 줄 재능들을 잃을 위험에 처해 있습니다. 이러한 선물 가운데는 아이디어, 계획, 희망, 책략으로 가득 찬 풍부한 상상력도 있습니다. ADHD가 있는 사람들은 근면하고, 창의적이며, 독창적이고, 기꺼이 위험을 무릅쓰는 경향이 있습니다. 우리는 종종 완고하다는 소리를 들을 정도로 의지가 강하지만, 동시에 하던 일을 멈추고 지쳐 쓰러질 때까지 누군가를 돕거나 대의를 위해 일할 준비가 되어 있습니다. 우리는 사명감으로 움직이는 집단입니다.

**자신의 사명을 찾아내는 것은, 대개 우리 삶이 좋은 방향으로 도약하기 시작하는 전환점이 됩니다.**

우리의 고강도 자극을 갈망하는 성향은 법정이나 수술실에 설 때 도움이 될 수 있습니다. 우리는 위험이나 곤경에 처한 사람을 구할 때 느끼는 감정을 좋아합니다. 사람들을 치료하는 직업군이나 소방관 같은 고강도 자극을 받는 직업군에서 ADHD가 있는 사람들을 많이 볼 수 있는 이유입니다. 그러나 ADHD는 우리가 맹목적으로 행동하게 하거나 잘못된 사람과 사랑에 빠지게 할 수도 있습니다.

우리는 고강도 자극과 구조가 결합한 온갖 활동이나 사람, 직업, 경력, 상황, 교통 수단에 끌립니다. 제가 말하는 고강도 자극이란(가령 익스트림 스포츠나 빠른 자동차, 돈 투기 같은) 위험, 흥분, 리스크, 참사가 발생할 가능성이나(가령 복권이나 스피드 데이트, 점수가 즉시 나오는 시험처럼) 결과가 즉각 나오는 것들을 말합니다.

# 고강도 자극과 구조

그렇다면 현실 세계에서 이러한 고강도 자극이 구조와 결합하면 어떤 모습일까요? 한번, 속도와 기술이 눈앞에 놓인 지형의 예측 불가능성과 결합한 신나는 스포츠인 봅슬레이 경기를 떠올려 보세요.

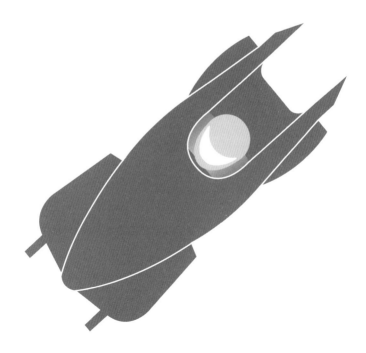

봅슬레이 경기의 속도와 위험성이 고강도 자극을 제공한다면, 봅슬레이 트랙과 썰매의 디자인, 경기 규칙은 구조를 제공합니다.

ADHD가 있는 사람은 이 두 가지 요소가 결합한 상황에서 잘 해냅니다. 그렇지만 두 요소 가운데 하나 또는 둘 모두가 존재하지 않는데, 빠진 요소를 채울 수 없는 상황에서는 잘 해내지 못합니다. ADHD가 있는 사람은 – 가령 집에 불이 난 상황 같은 – 예기치 못한 위기 상황에 놓일 경우, 재빨리 구조를 만들어 냅니다. 건물 밖으로 대피하고, 챙길 수 있는 물품을 챙기고, 소방대가 제 일을 하는 데 도움이 되는 구조를요.

그렇지만 똑같은 사람을 카리브해 해변에 데려간다면, 다들 긴장을 풀고 즐기는 동안, 이 가여운 사람은 구조의 부재로 인해 지루함에 시달리며 방황할 것입니다. 늦든 이르든 이 사람은 카지노로 가는 길을 찾으려 할 것입니다. 카지노에는 그에게 필요한 온갖 구조가 있으니까요.

## 명심하세요

구조와 싸우려 들지 마세요. 구조를 대할 때, 마치 여러분을 조종하려는 상사나 비판적인 부모와 맞서 싸울 때처럼 굴지 마세요. 구조는 하루를 잘 헤쳐나가는 방법을 알려주고, 여러분이 수십 개의 자질구레한 결정을 내리는 대신 흥미로운 일을 할 수 있게 해줍니다.

# 이 모든 게 저랑
# 무슨 상관이죠?

제가 이 모든 비유와 예시를 통해 전달하고자 하는 바는, ADHD에서는 부정적인 것들과 긍정적인 것들이 놀라운 방식으로 결합한다는 것입니다. 어떤 사람들은 ADHD를 나쁘기만 한, 완전히 병적인 것으로 여기지만, 다른 어떤 사람들은 단점을 완전히 간과하고 ADHD에 딸려오는 장점에만 집중합니다.

두 접근법 모두 진실을 놓치고 있습니다. ADHD는 강점과 약점의 융합으로, 가령 장애나 재능 같은, 인간의 경험을 분류하는 다른 어떤 체계에서도 찾아볼 수 없는 고유한 것입니다. ADHD는 장애도 재능도 아닙니다. ADHD는 장애이자 재능입니다.

여러분이 이 질환을 좋아하게 되든 싫어하게 되든 ─ 아마도 두 감정을 모두 느끼게 될 겁니다 ─ 여러분에게 가장 중요한 것은 ADHD가 실생활에 어떻게 작용하는지 이해하는 것입니다.

**그것이 바로 우리가 책의 나머지 부분 전체에서 할 일입니다. 그 시작으로 다음 장에서는 ADHD가 있는 사람이 최선의 삶을 살아가는 방법에 관한 실용적인 조언을 제시하겠습니다.**

# 최선의 삶을 위한 기본 계획

저는 모두가 ADHD 있는 채로 최선의 삶을 사는 비결을 알았으면 좋겠습니다. 그렇다면 그 마법의 공식이 뭐냐고요? 여기 제10단계 계획이 있습니다.

1. ADHD 공부하기

2. ADHD 전문가 찾기

3. 코치 찾기

4. 구조 만들기

5. 라이프스타일 체크리스트 만들기

6. 이야기를 나눌 사람 찾기

7. 사람들과 연결되기

8. 알맞은 직업과 배우자/연인 찾기

9. 창의성을 발산할 방법 찾기

10. 치료제 복용 고려하기

# 1. ADHD 공부하기

가장 중요한 단계는 의심의 여지 없이 교육입니다. 많은 사람들이 알약이 모든 문제를 해결해 줄 것이라 기대하며 약을 처방받기 위해 저를 찾아옵니다. 그렇지만 "약이 기술을 가르쳐주지는 않는다"라는 격언이 있습니다. 여러분에게 필요한 것은 바로 ADHD 공부입니다. 지식은 곧 힘입니다. ADHD에 관한 지식에는 여러분에게 새 삶을 열어줄 힘이 가득 들어 있습니다.

증상, 특성, 성향을 구체적으로 파고들기 전에 ADHD가 실제로 어떤지를 먼저 느껴야 합니다. 제 경험상, ADHD에 관한 주관적 경험을 전할 때는 다음 비유가 잘 통했습니다.

~ ADHD를 치료하지 않고 사는 것은 마치 와이퍼가 고장 난 자동차를 타고 폭풍우 안에서 운전하는 것과 같습니다.

~ ADHD가 있는 사람에게 더 노력해야 한다고 말하는 것은 근시가 있는 사람에게 눈을 더 가느다랗게 뜨고 똑똑히 보라고 말하는 것과 같습니다.

~ ADHD와 함께 살아가는 것은 날뛰는 야생마를 길들이는 것과 같습니다. 처음에는 ADHD를 통제하기 위해 고군분투해야 하고 어쩌면 낙마할 수도 있습니다. 그렇지만 시간이 지나면서, 여러분은 ADHD의 강점과 힘을 활용하는 법을 배우게 될 것입니다.

## 명심하세요

닥터 구글이 한 말을 읽을 때는 조심하세요. 온라인과 실생활을 막론하고, 잘못된 정보를 쏟아내는 자칭 ADHD 전문가들이 많으니까요. 대다수 사람들은 ADHD를 이해하지 못합니다. 마치 유체역학을 이해하지 못하듯이요.

# 2. ADHD 전문가 찾기

**ADHD는 아주 매혹적인 진단입니다. ADHD와 현대적 삶이 아주 유사하기 때문입니다. 거의 모든 사람에게서 ADHD의 증거를 찾아볼 수 있습니다. 그렇지만 이들 모두에게 실제로 ADHD가 있다는 말은 아닙니다. 마을 전체를 ADHD로 진단하지 않으려면, 자격을 갖춘 전문가가 진단해야 합니다.**

눈앞의 전문가가 자격을 갖추고 있는지 판단하는 가장 좋은 방법은 한 해에 ADHD 환자를 몇 명이나 보는지 묻는 것입니다. 그런 다음에는 그중에 어린이 환자와 성인 환자가 각각 몇 명인지 확인해야 합니다.

모든 의학 전문 분과 가운데, ADHD에 관해 가장 많이 수련받는 것은 바로 소아정신과 의사입니다. 소아정신과 의사가 되려면 우선 일반 정신과 의사 자격을 갖추어야만 한다는 점을 염두에 두세요. 이 말은 소아정신과 의사야말로, 모든 연령대 사람들에게 ADHD를 진단할 수 있는 이상적인 전문가라는 뜻입니다. 그렇지만 소아정신과 의사를 찾아갔더라도 여전히 성인 환자를 연평균 몇 명이나 보는지 물어봐야 합니다. 일부 소아정신과 의사는 성인 환자를 보지 않으니까요.

슬프게도 소아정신과 의사는 암탉의 이빨만큼이나 찾아보기 어렵습니다. 그렇지만 ADHD를 볼 자격을 갖춘 다른 의학 분과도 여럿 있습니다. 결국에는 그 의사가 어떤 경험을 쌓았느냐가 중요합니다.

우선 일반의(GP)를 찾아가 그가 누구를 추천하는지 확인해 보세요. 일반의 가운데는 ADHD에 관심이 많아서 ADHD를 잘 치료하게 된 의사들이 일부 있습니다. 일부 신경과 의사들은 ADHD에 관한 전문 지식을 갖추고 있으며, 일부 내과 의사들 역시 마찬가지입니다. 정신과 의사는 대부분 ADHD를 진단하고 치료할 능력이 있습니다. 이들 중 대다수에게는 치료제를 처방할 권한이 없긴 하지만, 정신과 의사는 반드시 약물 처방이 가능한 다른 전문가들과 업무 관계를 맺고 있기 마련입니다.

제가 말하려는 요점은, 발품을 조금 팔면 대개는 적합한 의사를 찾아낼 수 있다는 것입니다.

# 3. 코치 찾기

요즘에는 아예 ADHD가 있는 사람들을 코치하는 데만 전념하는 분야가 있습니다. ADHD 코치는 보좌관과도 같습니다. 다르게 말하면, ADHD 코치는 여러분이 어릴 적에 어머니가 해주던 일을 해주는 사람입니다. 잔소리는 빼고요. 코치는 일상의 복잡한 기능들을 감독하는 집행 기능(EF) 장치 역할을 합니다. 여러분의 전두엽이 힘겨워하는 일을 뇌 밖에 있는 사람이 해주는 셈이죠.

온라인에서 ADHD 코치를 쉽게 찾을 수 있습니다. 그렇지만 면접을 볼 때는 이들의 경력을 신중히 살펴봐야 합니다. 특히 ADHD가 있는 사람들과의 경험을 살펴보고, 그 사람의 성격, 기질, 스타일이 여러분과 잘 맞는지 확인하세요. 이상적인 경우, 여러분은 이 사람에게 크게 의지하게 될 것입니다. 그러니 그 사람이 여러분과 잘 어울리는지 처음부터 확실히 하세요.

전문 코치를 고용할 수 없다면, 친구나 가족도 코치 역할을 해줄 수 있습니다. 두 사람 사이의 권력의 역학관계가 훼방을 놓지 않는 한에서요. 이 선택지를 선택했다면, 두 사람의 모임에서 HOPE 기법을 써보길 권합니다.

~ 코치가 **안녕하세요(H:**Hello)라는 인사말로 시작합니다. 주의를 끄는 것이 목표입니다.

~ 그런 다음에는 코치가 여러분에게 **목표(O:**Objective)가 무엇인지 물어봅니다. 오늘의 세 가지 목표가 무엇인가요? 이때 딱 세 가지에만 집중합니다.

~ 다음으로, 코치는 세 가지 목표를 이루기 위한 **계획(P:**Plan)이 무엇인지 묻습니다. 질문은 구체적이어야 합니다.

~ 코치는 **격려(E:**Encouragement)로 모임을 마무리합니다. ADHD가 있는 사람들은 격려를 대량으로 복용할 때 훨씬 더 잘 해냅니다.

# 4. 구조 만들기

**사람은 누구나 구조, 즉 "발판"이 필요합니다. ADHD가 있는 사람들은 특히 더 그렇습니다만, 스스로 구조를 잘 만들지는 못합니다. 자기 자신의 삶에서 구조를 만들어 내려면, 루틴, 의식(ritual), 마감 기한, 목표, 휴식 시간, 업무 시간, 기타 등등을 구축해야 합니다.**

여기, 쉽게 삶의 구조를 만드는 방법이 있습니다. 펜과 메모장만 준비하면 됩니다.

~ 먼저 기상 시간과 취침 시간을 정합니다. 계속 이 시간에 맞춰 생활한다면, 충분히 자게끔 뇌를 훈련할 수 있습니다. (12장 건강과 웰빙에 수면 개선에 관한 조언이 실려 있습니다.)

~ 그런 다음에는 일간, 주간, 월간, 연간, 인생 전체의 우선 순위를 목록으로 만들어 보세요. 천천히 시간을 두고 하세요. 앉은 자리에서 한 번에 다 할 필요는 없습니다.

~ 다음으로, 각 우선순위와 해야 할 일들을 일간, 주간 일정표에 시간 단위로 맞춰 넣으세요.

~ 자기 관리와 관련된 우선순위를 나열하고 일정을 잡으세요. 예를 들어, 언제 무엇을 먹을 것인지, 운동을 언제, 얼마나 할 것인지 적어두세요. 전혀 낭만적이지 않게 들릴지도 모르지만, 심지어 성관계 일정도 잡는 편이 나을 수 있습니다. ADHD가 있는 사람들 가운데 다수는 너무 바쁘다는 이유로 성관계를 전혀 하지 않으니까요.

~ 마지막으로, 계획이 어떤 식으로 구체화하였든 간에, 여러분은 자신에게 가장 중요한 일을 하기 위한 시간을 내야만 합니다. 해야 하는 일에만 시간을 낼 게 아니라요.

# 5. 라이프스타일 체크리스트 만들기

여러분은 이미 라이프스타일 체크리스트에 들어가야 하는 것들을 알고 있습니다. 예를 들면, 수면, 신체적 운동, 영양, 명상이나 마음챙김 같은 정신적 행복을 증진하는 수련이나 연습법 같은 것들이죠. 그렇지만 삶을 바꾸고 싶다면 건강한 생활 방식의 요소들을 "아는 것"만으로는 부족합니다. 여러분은 그보다 더 많은 일을 해야 합니다. 좋은 소식은 12장 건강과 웰빙에 더 건강한 생활 방식을 위한 수많은 조언이 실려 있다는 것입니다.

시작하는 가장 쉬운 방법은 바꾸고 싶은 사항 딱 한 가지에 집중하는 것입니다. 그러니 묻겠습니다. 현재 여러분의 생활 방식에서 가장 바꾸고 싶은 요소가 무엇인가요? 체중을 줄이고 싶나요? 운동을 더 하고 싶나요? 잠을 더 잘 자고 싶나요? 술을 줄이거나 야식을 끊고 싶나요? 무엇이든 하나 골라보세요. 딱 하나만요.

자, 여러분의 삶에 가장 큰 변화를 줄 수 있는 사람은 바로 여러분입니다. 그러니 여러분에게 잘 먹힐 것 같은 계획을 생각해 보세요. (여러분이 직접 계획을 세우면 성공률이 훨씬 더 올라갑니다.)

계획의 마감 기일을 정하세요. 마감 기일은 늘 통합니다. 저를 믿으세요. 마감 기일을 못 지키겠을 때는 연장하세요. 정해진 기일을 지키지 못했다고 걱정하거나 자책하지 마세요. 그리고 절대 포기하지 마세요. 기억하세요. 변화에는 시간이 필요합니다. 그리고 변화는 고통스러울 수 있습니다. 그렇지만 그 변화를 일구어낸다면 여러분의 기분이 훨씬 더 좋아질 겁니다. 오늘을 여러분의 삶이 영원토록 변화한 날로 만드세요.

# 6. 이야기를 나눌 사람 찾기

대화할 사람이 있다는 것은 누구에게나 좋은 일입니다. 이들은 여러분의 말을 들어주고, 공감해 주며, 누군가에게 이해받는 기분을 느끼게 해줍니다. ADHD가 있는 성인 대다수에게, 이해받는 기분은 삶에 존재하지 않는 커다란 퍼즐 조각과 같습니다. 여러분을 이해해 주는 사람을 찾아낸 것은, 평생 헤매던 사람이 집으로 가는 길을 찾아낸 것과 같습니다.

이 사람이 치료사거나 훈련을 받은 전문가일 필요는 없습니다. 사실, 이야기를 나누기에 가장 좋은 사람들은 대개 이런 사람들이 아닙니다. 그보다는 친구나 친척, 동료, 심지어 개가 더 나은 상대일 때가 많습니다. 농담이 아닙니다. 개는 경이로운 치료사라고요.

제 삶을 예로 들자면, 제게는 격주 화요일마다 가장 친한 친구와 하는 스쿼시 경기가 일정으로 잡혀 있습니다. 우리는 체육관에서 만나서 스쿼시를 한 다음, 바에 가서 맥주를 몇 잔 걸칩니다. 그러면서 서로에게 모든 걸 이야기하죠. 2주마다 찾아오는 이 세 시간은 그 어떤 것과도 바꿀 수 없는 시간입니다.

여러분의 삶에서 이런 관계가 시작되게 할 수 있는지 살펴보세요.

# 7. 사람들과 연결되기

사람 사이의 연결은 우리가 살면서 얻을 수 있는 가장 강력한 도구로, 거의 모든 것을 나아지게 할 수 있습니다. 건강과 온갖 종류의 성장, 웰빙, 성공, 성취는 물론, 기쁨과 장수, 행복까지 모든 것에 도움이 됩니다. 또 누가 압니까? 심지어 복권을 맞는 데도 도움이 될지? 누군가와 연결된 사람들이 그렇지 않은 사람들보다 운이 더 좋은 사람임이 확실하지 않습니까?

반면 사람들과의 단절은 이해받지 못하고, 무시당하고, 배제되고, 어디에도 속하지 못하는 느낌을 줍니다. 우울증부터 온갖 중독, 소외, 불안, 실직, 관계에서의 실패, 법 위반, 심지어 자살에 이르기까지, 관계 단절은 삶의 좋지 않은 것 대부분을 주도합니다.

ADHD가 있든 없든, 연결은 최선의 삶을 위한 건전한 계획의 초석입니다. 이 책의 후반부에는 장 전체를 연결과 관계에 할애한 장이 있습니다(9장 참조). 여러분의 삶에 사람들과의 연결 고리를 만드세요. 명심하세요. 사회적 고립은 흡연만큼 위험한 질병과 조기 사망의 위험 요소입니다. 이것은 증명된 사실입니다. 게다가 건강과 웰빙을 향상하기 위한 단계들 가운데 연결처럼 재미있고, 무료이며, 어디서나 찾을 수 있는 단계는 몇 없습니다.

# 8. 알맞은 직업과 배우자/연인 찾기

남은 삶을 행복하게 보내고 싶다면, 알맞은 사람에게 헌신하고, 알맞은 직업을 찾으세요. 이 두 가지야말로 여러분에게 가장 중요한 사랑입니다. 이 두 사랑이 모든 변화를 불러옵니다.

알맞은 짝이란 여러분의 가장 좋은 모습을 끌어내는 사람입니다. 바로 여러분과 웃고 즐기는 사람, 여러분이 존중하는 사람, 함께 아이를 갖고 싶은 사람, 자녀 계획이 있다면 좋은 육아 파트너가 되어줄 것 같은 사람, 즐겁고 편안하게 해주는 사람, 스타일이 마음에 드는 사람들이죠.

알맞은 직업은 여러분이 좋아하는 일, 잘하는 일, 누군가 돈을 주는 일이라는 세 가지 영역의 교차점에 있습니다. 알맞은 일을 하면서 시간을 보내면 보낼수록, 여러분은 점점 더 행복하고 성공적인 사람이 될 수 있습니다.

9장에는 관계와 연결에 관한 조언이 실려 있으며, 11장에는 커리어 선택 시 고려해야 하는 사항에 관한 팁이 실려 있습니다.

# 9. 창의성을 발산할 방법 찾기

**ADHD가 있는 사람들은 무언가를 만들어야만 합니다. 회사부터 건물, 배에 이르기까지, 그것이 무엇이든 건설하고, 개발하고, 발명하고, 기르고, 창조해야만 합니다.**

우리 ADHD가 있는 사람들은 어떤 고유한 특성을 타고 태어납니다. 저는 그것을 "근질거림"이라고 부릅니다. 근질거림은 우리 유전자 안에 들어 있습니다. 10장 창의성에서 이 근질거림에 관해 샅샅이 파헤칠 예정인데도, 여기서 따로 언급한 이유가 있습니다. 그것은 바로 창의성을 발산할 마음에 드는 방법을 찾아내고, 그 방법을 주기적으로 사용하는 것이 근질거림을 해소하는 최고의 방법이기 때문입니다.

근질거리는 곳을 긁어줄 창의성 분출구를 찾아내려면, 지루하지 않을 만큼 어려운 동시에, 최선을 다해서 하고 싶을 만큼 재미있는 것을 찾아야 합니다. 저는 이것을 "적절한 어려움"이라고 부릅니다.

ADHD가 없는 사람들과 우리를 차별화하는 것은, 그 무엇보다도 창의력과 상상력입니다. 그렇지만 창의력과 상상력이 우리에게 유용하려면, 매일 사용하고 갈고닦아야만 합니다.

# 10. 치료제 복용 고려하기

모든 사람들이 두려워하긴 하지만, 약은 가장 강력한 도구입니다. 두려워할 필요 없습니다. 치료제는 신이 내린 선물이 될 수 있으니까요. 저는 ADHD 치료제를 딱히 호의적이거나 부정적으로 바라보지 않습니다. 제가 호의적으로 바라보는 것은 바로, 누군가가 최선의 삶을 살아가는 데 도움이 되는 일이라면 그것이 무엇이든 하는 것입니다.

저는 제 환자들 모두에게 안전하고 합법적이라면 무엇이든 시도해 보자고 말합니다. 적절히 사용한다면, 즉 처방을 받고 의료 감독을 받으면서 복용한다면, ADHD 치료제는 안전하고 합법적입니다.

ADHD에 쓰는 약물의 핵심은 자극제입니다. ADHD가 있는 경우에 70~80%는 자극제가 듣습니다. 이 책의 마지막 장인 13장에서는 치료제에 관해 자세히 다룹니다.

걱정하지 마세요. 좋은 소식만 적혀 있으니까요.

# 향상 본능

도움을 받지 못한 채로 ADHD를 관리해야 하는 성인은 수백만 명에 달합니다. 이것은 공중에서 떨어지면서 낙하산 쓰는 법을 알아내려는 것과 마찬가지입니다. 추락하기 전에 어떤 끈을 당겨야 하는지 알아내려고 고군분투하면서, 이들은 재앙을 향해 곤두박질치고 있습니다. 그렇지만 "운이 다해" 곤두박질치는 사람들을 너무 많이 보다 보니, 저는 ADHD가 있는 사람들에게 특별한 본능이 있다고 믿게 되었습니다.

생존 본능에 관해 들어보셨습니까? ADHD가 있는 사람들에겐 흔히 그보다 한 단계 더 나아간 본능이 존재합니다. 저는 그것을 "향상 본능"이라 부르죠. 우리는 향상 본능이 어떻게, 언제, 왜 작동하는지 모르며, 필요할 때 발휘하는 방법도 모릅니다. 그렇지만 우리를 최고 수준의 성취로 이끌어주는 것은 다른 어떤 요소보다도 향상 본능입니다.

낙하산에 매달려 간신히 살아남았던 적이 있었다고 해서, 남은 평생 낙하산 타기를 두려워하며 살아야만 할까요? 아니요. 그건 ADHD 방식이 아닙니다. 반대편으로 도망치는 대신, 우리 ADHD가 있는 사람들은 낙하산을 끌어안습니다. 우리는 속담 속 날뛰는 야생마에 다시 올라탈 뿐만 아니라, 누가 대장인지 보여줍니다. 우리는 실수 방지 기능이 있는 더 나은 낙하산을 발명한 뒤, 그 아이디어를 팔아 산더미처럼 돈을 법니다. 그러면 이제 은퇴를 하고 여생을 편하게 보낼까요? 아니요. 대신, 우리는 씨름할 또 다른 문제를 찾아 나섭니다.

**우리는 향상 본능을 활용하여 재앙을 발명으로 탈바꿈시킵니다.**

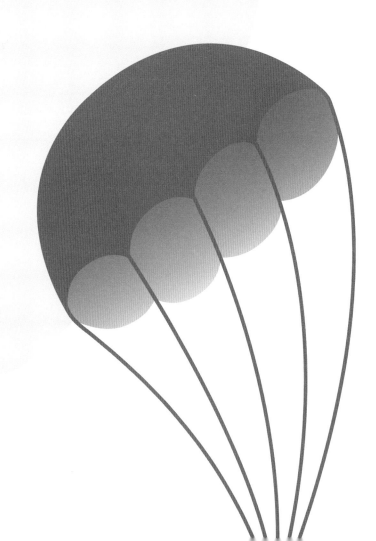

# Chapter 5

# 시간

ADHD가 있는 사람들은 시간이나 시간의 흐름을 남들과 똑같이 느끼지 않습니다. 우리에게는 타고나는 시간 감각이 없습니다. 언제 시간이 모자라는지, 언제 시간이 남는지, 우리는 알지 못합니다. 고강도 스트레스 상황에서 주의를 집중하고 있는 게 아니라면요.

5장에서는 시간을 효과적으로 관리하는 데 필요한 도구를 제공하지만, 그 전에 ADHD 뇌에서는 시간이 어떻게 작용하는지를 먼저 이해해야 합니다.

# ADHD가 있는 사람들은 시간을 다르게 경험하나요?

네. 한마디로 말해, 그렇습니다. 허튼소리처럼 들리겠지만, 사실입니다. **ADHD가 있는 사람들에게는 딱 두 종류의 시간만이 있습니다. 지금과 지금 말고. 그게 다입니다.**

예를 하나 드리겠습니다. 오늘이 월요일인데 목요일 아침까지 제안서를 관리자의 책상 위에 올려놔야 한다는 이야기를 들은 경우, 여러분의 반응은 "지금 말고"입니다. 그렇게 이 사안은 마음속에서 사라져버립니다. 이 사안이 다시 떠오를 때는, "지금 말고"가 "지금"이 되기 직전일 때뿐입니다. 가령 수요일 밤처럼요. 여러분은 그제야 제안서 제출 기한이 다음 날 아침까지라는 사실을 깨닫고, 공황 상태에 빠진 채로 제안서를 쓰기 위해 미친 듯이 노력합니다.

왜 마지막 순간이 되면 이런 일들이 기억나는지는 알려져 있지 않습니다. 마치 ADHD가 있는 사람들에게는 일종의 수호천사가 있는 것 같습니다. 더는

허비할 시간이 없을 때, 마감 기한을 상기해 주는 수호천사가요. 수호천사라는 생각이 여러분을 멈칫하게 한다면, 중요한 사항의 마감 기한이 ADHD 뇌의 특별한 회로 안에 새겨져 있다고 가정해 볼 수도 있을 겁니다. 이유가 무엇이든 간에 여러분은 아슬아슬할 때 무언가를 기억해 내곤 합니다. 미감 기한을 떠올리고 당황할 때, 여러분의 부신은 아드레날린을 대량으로 분비하는데, 아드레날린은 우리가 ADHD 치료에 쓰는 약과 화학적으로 유사한 호르몬입니다. **사실상 우리가 무슨 일을 하고 있는지, 그리고 그 의미가 무엇인지 영문도 모른 채로, 아드레날린을 자가 처방하는 셈입니다.**

# "지금 당장"과
# "지금 말고"에 관해
# 다른 사람들에게 설명하기

바깥세상에서는 사람들이 모두 당연히 시간 감각을 지니고 있다고 여깁니다. 예를 들어, 누군가와 저녁 7시에 만나기로 약속을 잡았다면, 그 사람은 7시경에 여러분이 나타나리라고 기대합니다. 만약 여러분이 주기적으로 약속에 늦는다면, 그 사람은 여러분이 지각하는 것은 도덕성이 부족하기 때문이라고 여길 수도 있습니다. 지각을 하면 여러분의 스트라이크 카운트가 올라간다고 볼 수 있는데, 여러분이 살면서 스트라이크 아웃을 너무 많이 당하다 보니 사람들은 여러분을 신뢰하지 않습니다.

**슬프게도 세상 사람들 대부분은 "지금"과 "지금 말고"를 "관심 없어"와 "귀찮아"의 의미로 오해합니다. 그것은 사실이 아닙니다.**

ADHD가 있는 사람들에게 자신의 뇌가 시간을 어떤 식으로 처리하는지 다른 사람들에게 설명하는 것은 중요한 일입니다. 이 이야기를 나약한 변명거리로 취급할 법한 부류에까지 설명하라고 권하고 싶진 않습니다. 그렇지만 여러분이 믿고 신경 쓰는 사람들에게는 최선을 다해 설명하세요.

## 명심하세요

지각했을 때 사과하는 것은 중요합니다. 그렇지만 ADHD가 있다고 사과하지는 마세요. 명심하세요. 여러분의 천재성은 다른 사람들이 보지 못하는 것을 보는 능력에서 비롯됩니다. 그 대가로 다른 사람이 보는 것을 항상 보지는 못하지만요. 그리고 여러분이 보는 것들은 보지 못하는 것들보다 훨씬 더 가치 있는 것으로 밝혀졌습니다.

# 늘 지각한다면 어떻게 해야 할까요?

이것은 해결하기 어려운 문제입니다. 사람들은 거의 누구나 시간을 어기지 않는 법을 배울 수 있습니다. 그러나 일부 사람들에게는 이것이 유독 어려운 일입니다. 여기 제가 제안하는 방법이 있습니다. 40년 넘게 이 문제로 씨름하는 사람들을 도와온 경험에 근거한 방법입니다.

## 1. 이 문제를 다른 프레임으로 바라보세요.

시간 엄수를 도덕에 관한 문제로 여기지 않는 것이 중요합니다. 시간 엄수는 미덕이 아니며, 지각은 죄악이 아닙니다. 만성적 지각을 해결할 방법은 처벌이 아니라, 지각에서 비롯되는 문제들을 처리하는 법을 배우는 데 있습니다.

## 2. 도움을 요청하세요.

다른 사람이 도와주면 시간 관리 문제를 훨씬 더 쉽게 해결할 수 있습니다. 이미 스스로 문제를 해결하려 시도했던 적이 – 그리고 실패한 적이 – 있다면 더더욱 그렇습니다. 게다가 이 문제를 혼자 해결하려고 하면 우울해지기 쉽습니다. 도와주는 사람이 있을 때, 여러분은 자연히 더 활력이 넘치고 문제를 잘 해결할 수 있게 됩니다.

### 3. 전에 없던 수준으로 자기 자신을 통제하세요

옛말에 "아무것도 변하지 않으면, 아무것도 변하지 않는다"라고 하였습니다. 우선 기존에 시도하고 시험해 본 시간 엄수 전략들은 모두 다 써보세요. 가령 알람 시계 맞추기, 주의 메모 작성하기, 필요하다고 생각하는 시간보다 일찍 약속 장소에 나가기(가령 1시간 일찍 나가는 식으로 '한참' 일찍 나가는 것을 뜻합니다), 과거에 지각하게 만들었던 방해물들 피하기(가령 수다 떨기, 커피 마시기, 그리고 이들 가운데 최고봉인 이메일 한 통만 더 처리하기 등) 등을 모조리 시도해 보세요. 이 모든 전략은 분류상 "구조"에 속합니다. 명심하세요. ADHD가 있는 사람들에게는 더더욱 구조가 필요합니다(64쪽 참조).

**훈련 교관이 된 기분으로 여러분을 무자비하게 대하세요. 절대 타협하지 마세요.**

## 명심하세요

지각했던 이유를 되돌아보면 도움이 됩니다. 예를 들어, 지각하는 가장 흔하고 명백한 이유 가운데 하나는, 하기 싫은 일을 미루는 것입니다.

## 4. 지각의 뒤편에 있는 이유 고려하기

여러분의 지각을 일으키는 숨은 이유가 있을 수도 있습니다. 가령 수동공격적으로 분노를 표현하는 가장 흔한 방법 가운데 하나입니다. 이런 유형의 심리적 사안에 대처하는 최선의 방법은 숙련된 치료사와 상담하는 것입니다. 자기 성찰만으로는 대개 효과를 보지 못합니다. 자기 자신을 치료하기란 거의 불가능하기 때문입니다. 여태껏 여러분을 지각하게 만든 은밀한 심리적 원인을 찾아냈다면, 전문가와 협력하여 그 문제를 해결하세요.

여러분이 시간을 엄수하지 못하게 하는 숨은 심리적 원인이 없다는 확신이 든다면, 여러분의 시간 감각이 대다수 사람들과 다르지는 않은지 따져보세요. 만약 다르다는 결론이 나온다면, 그리고 그 결론이 아무것도 하고 싶지 않다는 이유로 이루어진 합리화가 아니라고 확신한다면, 이제 이 문제를 어떻게 대처할지 생각해 볼 시간입니다. 다음 단계가 도움을 줄 것입니다.

## 5. 문제 해결에 전념하기

3번에 나온 전략을 바탕으로, 여러분은 사생결단의 각오로 지각 문제 해결에 전념해야 합니다. 솔직하게 말하자면, 여러분이 늘 지각하는 주된 이유 가운데 하나는 – 혹은 전부는 – 여러분이 지각하게 하는 일, 즉 그것이 무엇이든 지금 하는 일이 시간 맞춰 참여해야 하는 회의보다 훨씬 더 흥미롭다는 것입니다. 그러므로 이 문제의 해결법은 여러분을 완전히 신나게 해야만 합니다.

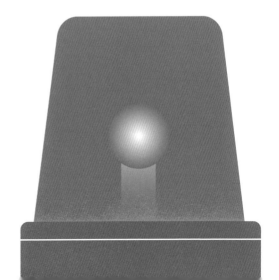

## 6. 고자극 해결법 만들기

앞서 언급했다시피, ADHD가 있는 사람들은 항상 높은 자극을 추구합니다(64쪽 참조). 그러므로 저는 ADHD의 이런 측면을 활용하여 여러분이 시간을 엄수하게 할 방법을 찾아보자고 제안합니다. 정말 재밌고, 참신하며, 심지어 엉뚱하기까지 한 방법을 말이죠. **우리는 여러분의 관심을 끌고 주의를 집중하는 기술을 생각해 내야 합니다.**

다음은 여러분에게 영감을 줄 수 있는 몇 가지 엉뚱한 제안입니다.

～ 사이렌이나 아주 시끄러운 알람 시계를 사세요. 제시간에 도착하려면 언제 출발해야 하는지 생각하세요. 그런 뒤 누군가에게 출발해야 하는 시간 15분 전에 알람을 맞춰달라고 하세요. 알람이 울리면 출발 시간 정각에 맞춰 다시 알람을 맞춰달라고 요청하세요. (사이렌을 골랐다면, 중요한 약속을 위해 사이렌을 아껴두세요.)

～ 보조자, 동거인, 혹은 그 누구에게든, 여러분을 말 그대로 사무실 밖으로 끌어내서 약속 장소로 보내버리라고 부탁하세요.

～ 도그워커(개 산책 알바)를 고용한 뒤 이들의 이동 경로에 여러분이 있는 곳을 포함하게 하세요. 그리고 마치 개를 데리러 올 때처럼 여러분을 데리러 오게 하세요.

～ 약속 시간에 제때 도착하려면 언제 출발해야 하는지 확실히 하세요. 그리고 그 시간의 직전 30분 동안은 일정을 비워두고, '아무것도' 하지 마세요. 가능하다면, 누군가에게 그 30분 동안 여러분을 지켜봐달라고 부탁하세요. 이 30분 동안 여러분은 조용히 있어야 합니다. 방과 후 학교에 남는 벌을 받는 학생이 그러하듯이요. 이 기법은 혐오 조건화라고 불리는데, 다음과 같은 원리로 작동합니다. 아무것도 하지 않은 채로 가만히 있는 것은 여러분에게 너무나도 끔찍한 경험입니다. 여러분은 무슨 수를 써서라도 이런 일을 피하고자 합니다. 그런데 여러분은 계속해서 이런 경험을 해야만 합니다. 제때 출발하지 '않는 한'은요.

## 7. 약속을 기록으로 남기기

지각한 약속과 제때 간 약속 모두를 이제부터 기록으로 남겨봅시다. 진행 상황을 기록하는 것이 여러분의 성과 향상에 도움이 된다는 사실은 이미 여러 번 증명되었습니다.

약속을 기억할 가능성을 높이는 한 가지 간단한 방법은 바로 약속을 손에 적는 것입니다. 최신 신경과학 연구에 따르면, 여러분의 뇌는 타자로 친 것보다 손으로 쓴 것을 더 잘 기억합니다.

## 8. ADHD 검사받아보기

시간 엄수 관련으로 너무나도 큰 어려움을 겪고 있다면, 가령 일자리를 잃을지도 모르는데도 시간을 지키지 못하겠다면, 여러분에게는 ADHD로 볼 소지가 있는 특성이 있을 가능성이 아주 큽니다. ADHD로 진단받았다면, 의사와 약물치료에 관해 상의해 보세요. 치료제가 상황을 완전히 바꿀 수도 있습니다.

그렇지만 약물(13장 참조)이 ADHD를 치료하는 유일한 수단이 되어서는 안 됩니다. 약물치료에는 항상 여러분 자신과 여러분 특유의 ADHD에 관한 학습이 병행해야 합니다. ADHD와 함께하는 최선의 삶의 바탕은 사랑과 다른 사람과의 연결, 창의성 분출구, 알맞은 직업, 신체적·정신적 웰빙이라는 사실을 잊지 마세요(4장 참조).

# 용기를 내세요

"지금"과 "지금 말고"의 세계에 사는 사람들에게는 대개 지금
에 초집중할 능력이 있다는 사실에서 위안을 얻으시길 바랍니
다. 사실, 자주 지각하는 이유 가운데 하나가 바로 지금 이 순
간에 초집중하는 것입니다. ADHD 세계의 모든 부정적 경향
이 그러하듯이, 이 이면에도 긍정적인 면이 있습니다. 이 질환
이 이토록 매혹적인 질환인 이유 가운데 하나는 이것이 축복
인 동시에 저주라는 점입니다. 우리의 목표는 ADHD를 가능
한 한 가장 작은 저주로 만드는 동시에 가장 큰 축복으로 만드
는 것입니다.

● **Chapter 6**

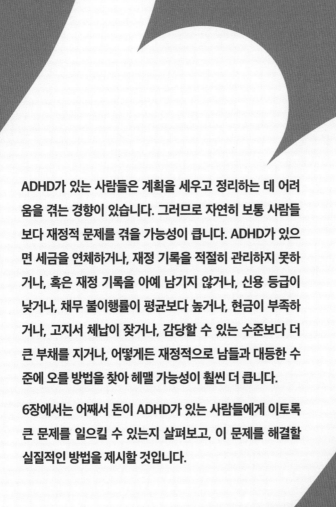

ADHD가 있는 사람들은 계획을 세우고 정리하는 데 어려움을 겪는 경향이 있습니다. 그러므로 자연히 보통 사람들보다 재정적 문제를 겪을 가능성이 큽니다. ADHD가 있으면 세금을 연체하거나, 재정 기록을 적절히 관리하지 못하거나, 혹은 재정 기록을 아예 남기지 않거나, 신용 등급이 낮거나, 채무 불이행률이 평균보다 높거나, 현금이 부족하거나, 고지서 체납이 잦거나, 감당할 수 있는 수준보다 더 큰 부채를 지거나, 어떻게든 재정적으로 남들과 대등한 수준에 오를 방법을 찾아 헤맬 가능성이 훨씬 더 큽니다.

6장에서는 어째서 돈이 ADHD가 있는 사람들에게 이토록 큰 문제를 일으킬 수 있는지 살펴보고, 이 문제를 해결할 실질적인 방법을 제시할 것입니다.

# ADHD가 있는 사람들에게 돈 관리가 이토록 힘든 일인 이유가 뭘까요?

ADHD가 있는 사람들은 돈을 벌면서 느끼는 흥분, 즉 투기나 리스크, 거래, 이익은 물론 심지어 손실이 주는 흥분까지도 즐기지만, 그 세부 사항을 깊이 이해하지는 못합니다. 그리고 재정 문제는 거의 항상 이 점에서 비롯됩니다.

**ADHD가 있는 사람들이 살면서 겪는 주요 문제 가운데 하나는 바로 집행 기능(EF) 저하입니다.** 집행 기능이란 일상생활에 필요한 복합적 기능을 관장하는 뇌의 능력을 말합니다. 한마디로, 최고경영자가 조직의 기능을 감독하는 것과 유사한 역할을 합니다. 우리는 모두 뇌의 집행 기능에 의지하여 계획하고, 우선순위를 정하고, 정보를 모으거나 분류하고, 확률을 따져보고, 세부 사항을 검토하며, 삶을 제 궤도로 유지합니다. 실로 엄청나게 큰일을 하는 기능인 셈입니다. 최상의 상태일 때, 집행 기능은 본능적으로 자연스럽게 발휘됩니다. 그렇지만 간단한 목록이든, 온라인 달력이든, 혹은 이보다 더 복잡한 체계든 간에, 무언가를 훤히 꿰뚫고 있으려면 절대다수의 사람들에게는 어느 정도 보조가 필요합니다.

ADHD가 있는 사람들 대다수는 집행 기능 문제와 씨름하고 있으며, 시간을 지키면서 순서대로 작업을 수행하려면 보조를 받아야 합니다. (심지어 "시간을 지키면서 순서대로"라는 표현조차도, ADHD가 있는 사람들이 과거의 실패와 굴욕감으로 점철된 트라우마 기억을 떠올리게 할 수 있습니다.)

돈 관리에는 좋은 집행 기능이 필요하므로, ADHD가 있는 사람들의 아킬레스건이 대개 돈 관리라는 것은 놀랄 만한 사실이 아닙니다. 주의를 기울이지 않는다면, 거지에서 부자가 되었다가 부자에서 거지가 되었다가를 반복하는 삶을 살 수도 있습니다. 어떤 사람들은 이런 삶을 – 어느 정도 – 즐기지만, 이런 일이 오랫동안 계속되면 여러분은 결국 지치고 말 것입니다. 그리고 여러분과 함께 하는 사람 역시 여러분을 떠나지는 않을지언정, 지치고 말 것입니다.

## 명심하세요

여러분의 취약점이 집행 기능이나 돈 관리라면, 그것은 도덕적 결함이 아닙니다.

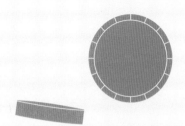

# 정말로 ADHD와 재정적 곤경 사이에 연관성이 있나요?

우선 데이터를 살펴봅시다. 데이터란 두려운 것이지만, 오직 무시할 때만 두려운 것입니다. 최근이 되어서야 스웨덴에서 최초로 ADHD가 있는 성인의 금전적 삶에 관한 연구가 이루어졌습니다. 스웨덴 전체 인구(약 1,100만 명)를 대상으로 한 정신 건강 데이터를 기반으로, 연구자들은 우선 189,267명의 표본 집단을 무작위로 추출했습니다. 그런 뒤 이 집단에서 ADHD가 있는 사람들과 없는 사람들을 식별한 뒤 이들의 2002년부터 2015년까지의 신용도와 채무 불이행률을 조사했습니다. 이 연구는 정량화한 데이터를 통해 결론이 예측 그대로라는 사실을 확인해 주었습니다.

18살이 되었을 때, ADHD가 있는 사람들은 그렇지 않은 사람들과 신용도가 똑같았습니다. 그렇지만 중년기가 시작될 즈음에는 ADHD가 있는 사람들은 재정적 곤경에 처해 있었습니다. 대출에 대한 채무 불이행률이 기하급수적으로 증가했고, 신용 등급은 급속도로 하락했습니다. 신용 사용량 역시 이에 발맞춰 떨어졌습니다. 신용 카드나 대출 등 신용을 쓰려는 수요가 높았음에도 말입니다.

**흥미롭게도, ADHD 치료제인 자극제는 돈 관리와 연관된 문제에 아무런 영향을 미치지 않았습니다. 이것은 사실 이치에 맞는 일입니다. ADHD가 있는 사람들이 돈 문제를 겪는 것은 집중력 부족보다는 감정에서 비롯되기 때문입니다. 자극제는 집중력을 높여주지만, 돈과 관련된 정서적 불편감을 해결해 주지는 못합니다.**

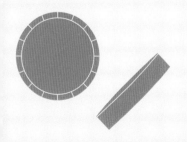

재정적 어려움이 증가하면서 ADHD 집단에서는 우울증 유병률과 심지어 자살률까지 증가했습니다. 똑같이 재정적 곤경을 겪고 있는 비 ADHD 집단과 비교했을 때, ADHD 집단에서는 돈과 관련된 스트레스가 자살 사망률에 미치는 영향이 4배나 높았습니다.

한마디로, ADHD는 개인의 재무 관리와 연관된 모든 것을 훨씬 더 악화시켰습니다.

이게 끝이 아닙니다. 최근 미국에서 이루어진, ADHD가 있는 아이들의 장기 재정적 성과에 관한

연구에 따르면, ADHD가 있는 젊은 성인의 예상 생애 소득은 비 ADHD 집단보다 127만 달러 더 적습니다. 한편, 영국에서 이루어진 연구에 따르면, ADHD가 있는 성인 506명 가운데 65%가 재정적 어려움을 겪고 있다고 응답한 반면, ADHD가 아닌 사람들은 37%만 재정적 어려움을 겪고 있다고 응답했습니다. 게다가, 돈 문제로 큰 불안감을 느낀다고 응답한 비율이 ADHD 집단에서는 76%였던 반면 비 ADHD 집단에서는 38%였고, 커다란 채무를 지고 있다고 응답한 비율은 ADHD 집단에서 31%였던 반면 비 ADHD 집단에서는 11%였습니다.

비 ADHD 집단에서는 돈 문제로 큰 불안감을 느끼는 비율이 38%에 불과한 반면, ADHD 집단에서는 76%에 달합니다.

ADHD 집단    비 ADHD 집단

# 이 문제를 어떻게
# 해결할 수 있을까요?

이 책을 여기까지 읽은 독자라면 제가 무엇을 해결책으로 내놓을지 알고 계실 겁니다. 해결책은 바로 여러분과 ADHD, 돈이 어떻게 상호작용하는지 배우는 것입니다. 지식은 곧 힘입니다. 어떤 일이 일어나고 있는지 이해하면 대개 해결법을 알 수 있으며, 적어도 상황을 개선할 방법을 찾을 수 있습니다.

ADHD가 있는 사람들의 돈 문제는 시간 문제와 유사합니다. 우리는 이미 앞 장인 5장에서 ADHD와 시간을 주제로 논의했습니다. ADHD와 시간 문제에 관해 씨름하면서 가장 중요한 단계는, ADHD가 있는 사람들이 다른 사람들과 다르게 시간을 경험한다는 사실을 배우는 것이라고 말씀드렸었죠. 돈 문제와 관련하여 가장 중요한 단계는 바로 돈이라는 주제가 여러분의 마음에 일으키는 일과 일으키지 않는 일에 관해서, 그리고 여러분보다 덜 똑똑한 사람들이 전혀 어려워하지 않는 돈 문제가 어째서 여러분에게는 그렇게 어려운지 배우는 것입니다.

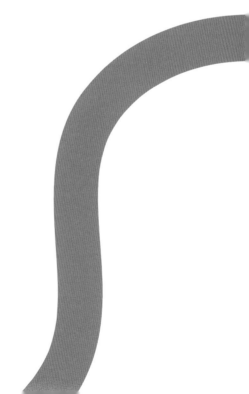

# 돈과 ADHD식 사고방식 이해하기

**우선 돈이 우리에게 어떤 일을 일으키지 않는지 살펴봅시다.**

돈 관리는 ADHD가 있는 사람들의 관심을 끌지 못합니다. 우리 모두 돈이 필요하다는 점에서 볼 때 돈 그 자체가 관심을 끌고 있기는 하지만, 우리 ADHD가 있는 사람들은 돈 관리와 관련된 세세한 사항들을 생각하느니 차라리 페인트가 말라가는 모습을 보고 싶어 합니다.

아시다시피, ADHD가 있는 사람들은 고강도 자극을 갈망합니다. 자극 부족(즉 지겨움)은 우리를 불쾌하게 합니다. 그런데 우리에게 돈과 관련된 일상적 사안들은 지겹고, 따분하고, 재미없기 짝이 없습니다. 우리는 예산을 책정하거나, 저축하거나, 영수증을 관리하거나, 신용 카드 사용 명세를 추적하거나, 고지서를 납부하거나, 최선의 거래를 찾아내는 일 등에 도저히 맛을 들일 수 없습니다. 이것들이 꼭 해야 하는 일이라거나, 우리 삶이 이런 일에 달려 있다는 사실은 중요하지 않습니다. 우리는 여전히 이런 일들을 무시하고, 피하고, 부정합니다. 이것들이 유발하는 혼미한 상태를 도저히 견딜 수 없기 때문입니다.

**이제, 돈이 우리에게 어떤 일을 일으키는지 살펴봅시다.**

돈 문제는 우리를 불안하게 합니다. 조금 더 정확하게 말하면, 돈 문제에 관한 생각은 우리를 겁먹게 하며, 공황 상태를 유발하고, 미래에 무슨 일이 일어날지 걱정하게 합니다. 그리고 불안감을 느낀 우리는 무엇을 할까요? 문제를 회피합니다.

보시다시피, 한편으로 우리는 돈 때문에 지루해하고 돈과 관련된 사항들을 무시합니다. 다른 한편으로, 우리는 돈이라는 대상을 무서워하고, 재정 문제에 관한 미숙함이 어떤 결과를 불러올지 두려워합니다. 이 두 반응을 종합하여 살펴보면, 문제를 간단히 파악할 수 있습니다.

> **지루함 + 공포 =**
> **회피와 부정**

# 문제의 해결책 다시 살펴보기

대처 방식으로 문제 회피를 사용하면, 우리는 큰 곤경에 빠지게 됩니다. 치과 의사를 피한다고 충치가 사라지진 않는 것과 같은 이치입니다. 제게는 수년간 세금을 납부하지 않은 환자들이 있는데, 이들은 세금 고지서가 그냥 사라지길 바랍니다. 이 환자들은 똑똑한 사람들이며, 세금 고지서가 그냥 사라지지 않는다는 사실을 잘 알고 있습니다. 그렇지만 이 문제에 관한 두려움과 불안감이 너무나도 크기 때문에 문제를 정면에서 해결하는 대신 회피하고 부정하며 사는 쪽을 택했습니다. 사람들이 치과를 피하는 것과 마찬가지로 말이죠.

**무시함으로써 문제가 사라지게 할 수 있다고 믿고 도움을 거부하는 것은, 여러분의 마음이 여러분을 속이려고 부리는 위험한 속임수입니다.**

작은 사안이라면 문제를 내버려 두고 무시해도 괜찮으며, 때로는 무시가 좋은 방법일 때도 있습니다. 가령, 파티 중인 이웃에게 조용히 해달라고 요청하는 대신, 그냥 무시하는 식으로 말입니다. 그러나 건강이나 재정적 행복 같은 중대한 사안에서는, 스웨덴의 연구가 입증했다시피, 문제 회피가 문제를 심화할 뿐만 아니라 심지어 죽음으로 이어지는 길이 될 수도 있습니다.

ADHD가 있는 사람들보다 돈벌이에 더 능한 사람은 없습니다. 우리는 큰돈을 빠르게 벌 수 있고, 번 돈을 심지어 더 빠르게 잃을 수도 있습니다. 이어지는 내용은 손실을 막고 다른 재정적 문제를 예방하는 데 도움이 되는 실용적인 조언을 담고 있습니다.

## 1. 회피를 유발하는 지루함/공포 반응 이해하기

돈에 지루함/공포 반응을 보이는 것이 재정적 문제를 일으킨다는 사실을 이해하면, 문제를 회피하는 대신 대처하기가 훨씬 더 쉬워집니다. 유념하세요. 여러분이 돈 문제에 대처하지 못하게 막는 것은 현실이 아니라, 여러분의 심리 상태, 즉 마음속에서 일어나는 일입니다.

**여기 좋은 소식이 있습니다. 그것은 바로 여러분이 뜻대로 하지 못하게 막는 여러분의 마음을 돌릴 수 있다는 것입니다.**

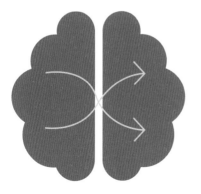

## 2. 마음 다스리기

마음을 돌리려면 '걱정과 불안 방정식(하단 참조)'을 이해해야 합니다. 실용적인 측면에서 대단히 중요한 방정식입니다.

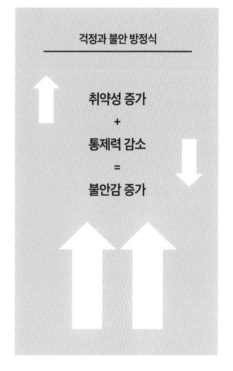

걱정과 불안 방정식

취약성 증가
+
통제력 감소
=
불안감 증가

무언가에 약하다는 느낌과 통제력이 떨어진다는 느낌이 강해질수록 불안감은 점점 더 커집니다. 제가 "느낌"이라는 말을 덧붙인 것은, 믿거나 말거나, 객관성이나 외부 현실은 중요하지 않기 때문입니다. 차이를 만드는 것은 바로 여러분이 현실을 어떻게 느끼냐입니다. 이 이야기는 돈 문제에도 똑같이 적용됩니다. 차갑고 딱딱한 숫자들은 그 자체로는 별로 중요하지 않습니다. 여러분이 그 숫자들을 보고 어떤 기분을 느끼는지에 비한다면요.

불안감이 재정 문제에 대처하는 대신 회피하게 한다는 사실을 이해했다면, 이제 불안감을 줄이기 위해 나서야만 합니다.

**걱정과 불안 방정식을 뒤집어 버립시다. 수단과 방법을 가리지 말고 약하다는 느낌과 통제력이 떨어진다는 느낌을 줄이시길 바랍니다.**

**여기 몇 가지 실용적 제안이 있습니다.**

∼ **실상을 파악하세요.** 여러분을 쇠약하게 하는 불안감과 유독한 걱정은 보통 잘못된 정보나 정보의 부재, 혹은 둘 다에서 비롯됩니다.

∼ **도움을 받으세요.** 친구, 연인, 배우자, 동료, 회계, 재무 설계자 등 다른 사람들이 돈 관리 과정에 참여하게 하세요. 절대 혼자서 걱정하지 말 것, 제 인생의 주요 원칙 가운데 하나입니다.

∼ **계획을 세우세요.** 계획을 세우면 즉시 통제력이 강해지고 취약성이 줄어드는 느낌을 받을 수 있습니다. 심지어 외부 현실이 전혀 달라지지 않더라도요. 계획이 먹히지 않거든, 계획을 수정하세요. 인생이란 결국 계획을 수정하는 것이다입니다.

### 3. 집행 기능에 관한 도움 받기

돈 관리는 좋은 집행 기능(EF, 96쪽 참조)에 달려 있습니다. 집행 기능 때문에 문제를 겪고 있다면, ADHD 코치(72쪽 참조)에게 집행 기능과 관련된 기술을 배울 수 있습니다. ADHD 코치는 온라인에서 쉽게 찾아볼 수 있습니다.

### 4. 위기 개입을 받는 데 만족하지 않기

여러분의 목표는 지식을 얻고 그에 따른 정서적 성장을 이루는 것이어야 합니다. 돈 문제에서 여러분을 구해줄 재정 고문을 찾았다면, 이제 그들과 협력하여 재정 문제에 관한 지식과 안정감을 늘려야 합니다. 한마디로, 돈 문제에 관한 이야기가 나왔을 때 곧바로 주제를 바꾸려들지 않아도 될 정도가 되어야만 합니다. **재정 문제에 어느 정도 자신이 생기지 않는 한, 여러분은 남들에게 재정적으로 이용당하거나, 거래 시 여러분에게 가장 유리한 형태로 협상을 하지 못할 위험에서 벗어날 수 없기 때문입니다.**

### 5. 돈 관리에 능숙해지려고 삶을 낭비하지 않기

여러분이 최선의 삶을 살려면 잘하는 것을 개발해야 하지 못하는 것을 보강하려 하면 안 됩니다. 어느 정도 수준의 재정적 역량을 갖추는 데 만족할 것이냐는 여러분에게 달려 있습니다. ADHD가 있는 우리에게 아주 흔히 나타나는 한 가지 나쁜 습관만 조심하세요. 그것은 바로, 백만 년이 지나도 잘하지 못할 일을 잘하고자 평생토록 시도하는 것입니다.

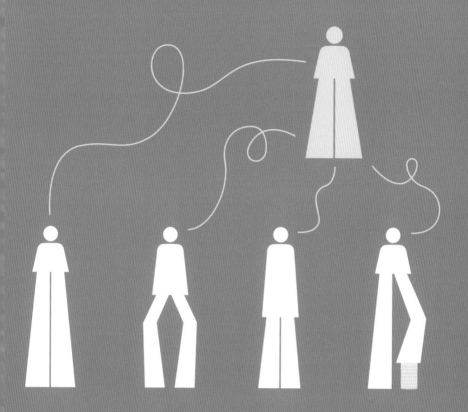

## 6. 위임하고, 위임하고, 또 위임하기

여러분에게 특별한 재능이나 재무에 관한 비범한
통찰력이 없는 한, 신뢰할 수 있는 사람들에게 돈
관리를 맡기는 편이 낫습니다. 친구와 전문가에게
도움을 구하세요.

## 7. 수치심을 거부하기

여러분이 읽은 돈 관리에 관한 조언들은 대부분 모든 금융 거래를 기록으로 남기고, 재정 기록을 조심스럽게 관리하고, 신용 카드 사용을 예의 주시하고, 예산서를 만든 뒤 그것을 지키라고 권장합니다. 모두 훌륭하고 명백히 옳은 조언입니다. 그러나 만약 이 모든 일을 혼자서 해낼 수 있다면, 여러분에게는 아마 ADHD가 없을 겁니다. 그러므로 이 모든 조언을 따랐을 때 얻을 수 있는 최종 결과는 더 큰 수치심과 바보가 된 기분뿐입니다. 그리고 이런 일을 잘하지 못한다는 바로 그 이유로, 여러분은 애초에 수치심과 바보가 된 기분을 느끼고 있었을 겁니다.

**멈추세요! 수치심이 여러분을 장악하게 하지 마세요. 여러분의 재능과 특별한 힘에 자부심을 가지세요. 벌레가 사과를 먹어 치우지 못하게 막으세요!**

# 나아가기

ADHD가 있는 사람들에게는 몹시 강력한 재능과 강점이 있지만, 약점 또한 있습니다. 그리고 돈 관리는 흔한 약점 가운데 하나입니다. 그래서 뭐요? 이 장에 명시된 도움을 받는 한 여러분은 괜찮을 겁니다. 사실, 괜찮은 것보다 더 나을 겁니다. 재정 관리를 회피한다는 커다란 문제를 처리했을 테니까요. 여러분의 재능과 강점을 원동력 삼아, 수치심을 거부하고 전속력으로 나아가십시오.

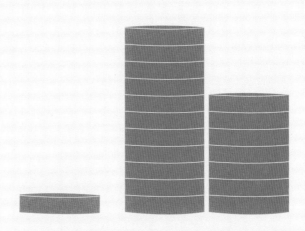

# Chapter 7

# 파멸과
# 암울

ADHD가 있는 사람들이 겪는 모든 문제 가운데서, 가장 견디기 힘들고, 엄습할 때마다 자존감을 갈기갈기 찢어버리는 문제는, 바로 제가 "파멸과 암울"이라 부르는 자책[3]입니다.

어려운 주제인 건 알지만 제 곁에 머무시길 바랍니다. 어두운 터널 끝에는 빛이 있으니까요. 자책과 맞서 싸우기 위해 무엇을 할 수 있는지 살펴보기 전에, 자책이 어떤 모습으로 나타나는지, 자책이 어째서 ADHD가 있는 사람들에게 특히 문제가 되는지를 우선 살펴보아야 합니다.

..............................
[3] 반추의 두 하위 유형 가운데 하나로, 부정적 과거를 곱씹는 것 - 옮긴이

# 부정적 자기 대화가 미치는 해로운 영향

*줄리언의 이야기*

줄리언은 언론인입니다. 29년 동안 신문 칼럼을 써 왔는데도, 여전히 자기 일을 사랑합니다. 12년 전, 줄리언은 ADHD 진단을 받았습니다. 진단을 받고 치료제를 복용하면서, 줄리언의 삶은 모든 면에서 나아졌습니다. 딱 한 가지, 내면의 부정적 목소리가 계속해서 그를 두들겨 팬다는 점만 빼면요.

내면의 목소리는 이렇게 말했습니다. "넌 형편 없는 놈이야. 시시한 신문사에 기고하는 시시한 칼럼니스트라고. 모름지기 진짜배기 칼럼니스트라면 <타임스>에 기고하거나 소설을 써야지. 웃기지도 않아! 대체 어디까지 모자란 작가가 되려는 거냐고.

넌 그냥 나이 먹은 퇴물 글쟁이야. 네 재능은 모조리 사라졌어. 넌 완전히 망했다고, 친구." 목소리는 끝도 없이 이어졌습니다.

줄리언은 이러한 일들을 "에피소드"라 불렀는데, 에피소드는 아무런 계기나 전조 없이 너무 자주 일어났습니다. 그러나 뇌전증(간질)과 달리 에피소드를 조절하는 약물은 없습니다. 줄리언이 할 수 있는 일은 그저 에피소드가 끝나기를 기다리는 것뿐이었습니다. 자기 자신의 마음에 사로잡힌 채로, 내면의 부정적 목소리가 잦아들 때까지 듣고, 그 독기가 다 떨어질 때까지 기다려야만 했습니다.

# 창의성과 정신 장애

부정적 자기 대화로 자신을 고문하는 환자들에게 제가 어떤 말을 해줘야 할까요? "긍정적으로 생각하세요. 추측건대, 혼자 있을 때 자신을 괴롭히는 것은 선생님의 엄청난 재능에 대한 대가일 겁니다." 라고 말해야 할까요? 저는 환자들에게 이것보다는 더 나은 답을 주고 싶었습니다. 그렇지만 이 설명 자체는 사실인 것으로 보입니다. 비록 고통을 겪고 있는 사람에게 큰 위안을 주진 못하겠지만요.

예술계에서 비즈니스계, 과학계에 이르기까지, 비범한 창의적 재능을 갖춘 사람들 대다수는 우리가 정신 건강과 관련하여 진단하는 질환을 하나 혹은 그 이상 앓고 있습니다. 여기에는 주요 우울증, 일련의 불안 장애들, 물질사용장애, 양극성 장애(조울증), 자폐 스펙트럼 장애는 물론 편집성 인격 장애, 경계선 인격 장애, 자기애성 인격 장애 같은 성격 장애가 포함됩니다. 그리고 맞습니다. ADHD도 포함됩니다.

**대체 왜 그런 걸까요? 최근의 신경과학이 우리의 이해를 깊게 하여 이런 현상을 과학적으로 설명할 수 있게 했을까요?**

그 답은 … (두구두구두구두구) … "네"입니다. 매사추세츠 공과대학교(MIT)의 신경과학자인 존 가브리엘리를 비롯한 여러 연구자들의 연구 덕분에, 실시간으로 뇌 활동을 볼 수 있게 해주는 일종의 스캔인 기능적 자기공명영상(fMRI)을 통해서, 뇌 신경망과 소위 커넥톰, 즉 함께 발화하는 뉴런의 집단에 관해 배울 수 있었습니다.

# ADHD의 악마

자책 문제와 파멸과 암울의 감정의 비밀을 품고 있는 것은
바로 작업신경망(TPN)과 기본상태신경망(DMN)이라는 두
커넥톰, 즉 함께 발화하는 뉴런 집단들입니다.

### 작업신경망(TPN)

뇌가 의식적으로 주의를 기울여
야 하는 작업을 수행할 때 활성
화됩니다.

### 기본상태신경망(DMN)

뇌가 의식적으로 주의를 기울여
야 하는 작업을 수행하지 않을
때 활성화됩니다. 이름에서 드
러나듯이, 이것이 기본 상태입
니다.

저는 DMN을 "악마(Demon)"라고 즐겨 부릅니다. D-M-N이라는 글자가 demon과 유사할 뿐만 아니라, 그 모든 끔찍한 내면의 목소리를 보내는 주체이기 때문입니다.

그렇긴 하지만, ADHD 세상의 모든 것이 그러하듯이 악마에게도 좋은 점이 있습니다. 우리를 부정적 자기 대화로 고문하는 커넥톰에 대체 무슨 좋은 점이 있죠? 우리는 그저 감내해야 할 뿐인데요? 라는 여러분의 의문이 귓가에 울려 퍼지는 것 같네요. 제 대답은 이 커넥톰이 상상력이 자리하는 곳이기도 하다는 것입니다. 사실, 상상력은 DMN과 TPN 모두에 자리 잡고 있습니다.

이 사실이 어째서 중요하냐고요? 놀라운 상상력은 ADHD가 있는 사람을 그렇지 않은 사람과 차별화하는 것들 가운데 하나이기 때문입니다. TPN이 작동할 때, 즉 어떤 작업에 건설적으로 작용할 때 상상력은 우리의 가장 든든한 우군이자 초강대국인 동맹국입니다. 그러나 가 작업이 끝나서 TPN이 비활성화되고 DMN이 활성화되는 순간, 악마가 악의 순회를 시작하면서 우리의 상상력은 최악의 적이 됩니다. 그러므로 우리가 해야 할 일은 DMN을 제거하는 것이 아니라 통제하는 방법을 배우는 것입니다.

# 몰입 찾기

조금 더 깊이 들어가 봅시다. 달걀부침 만들기부터 피아노 연주, 보고서 작성까지, 무언가 작업을 수행할 때는 TPN에 불이 들어옵니다. 여러분의 상상력은 TPN의 형태로 작업에 관여합니다. TPN은 작업과 '하나'가 됩니다. 심리학자 미하일 칙센트미하이는 이렇듯 고조된 심리 상태를 "몰입(flow)"이라 불렀습니다.

몰입은 여러분의 상상력이 오롯이 작업에 관여하여 그 밖의 모든 것을 잊어버릴 때 일어납니다. 몰입 상태에 들어서면 우리가 누구인지, 여기가 어디인지, 지금이 몇 시인지 인식하지 못합니다. 그러면 집중이란 날개를 단 상상력이 여러분을 가장 행복하고 가장 바람직한 상태로 인도해 줍니다. 상상력이 여러분의 마음 전체에 불을 지핍니다. 이때 여러분은 단순히 지시에 따르는 것이 아니라, 즉석에서 생각하고, 혁신하고, 심지어 계획을 실행하는 바로 그 순간에도 계획을 수정합니다. 여러분의 뇌는 분주하게 움직입니다. 팝콘 기계처럼 팝! 하고 새로운 아이디어를 만들어 냅니다. 팝! 팝! 팝 소리가 끊이지 않습니다. 이것이 바로 노벨상을 수상하는 방법입니다.

**완전히 몰입한 상태일 때, 여러분은 자기 검열을 멈춥니다. 그리고 바로 이때가 ADHD 특유의 충동성이 귀중한 자산이 되는 순간입니다. 여러분의 마음은 남들이 얼마나 우습게 여길지 따위는 신경 쓰지 않은 채로 새로운 이미지, 아이디어, 책략, 계획을 계속해서 쏟아냅니다.**

ADHD가 있는 사람들은 남들보다 더 쉽게 몰입 상태에 도달할 수 있습니다. TPN과 DMN의 경계가 남들보다 느슨하여 두 상태를 더 쉽게 오갈 수 있기 때문입니다

늘 그렇듯이, 이것은 장점이자 단점입니다. 남들보다 빠르게 TPN 상태에 빠져들어 더 쉽게 몰입에 도달할 수 있다는 점에서는 장점이지만, DMN 상태에도 남들보다 빠르게 빠져들어 DMN이 하수처럼 뿜어내는 무자비한 부정적 메시지에 휩쓸릴 수 있다는 점에서는 단점입니다.

# 악마에게 먹이 주지 않기

**여러분이 DMN뿐만 아니라 TPN도 남들보다 쉽게 활성화할 수 있다는 점을 이해하면, 여러분을 가두는 DMN 감옥에서 탈출할 귀중한 열쇠를 얻을 수 있습니다.**

열쇠를 얻기 위해서 의사나 여타 전문가들과 상담할 필요는 없습니다. 속임수가 아닌가 싶을 정도로 간단한 기술을 하나 연습하기만 하면 됩니다. 이 기술은 바로 '악마에게 먹이 주지 않기'입니다.

여러분은 악마에게 주의를 기울임으로써 먹이를 주고 있습니다. 여러분이 악마에게 관심을 주기를 거부하는 순간, 즉 악마에게 먹이를 주지 않기로 하는 순간, 휙! 하고 악마가 사라집니다. 악마는 여러분의 관심 없이 살아남을 수 없기 때문입니다.

악마에게 먹이를 그만 주고 싶다면, 주의를 다른 곳으로 돌리는 방법을 배워야 합니다. 간단하죠, 안 그래요? 왼쪽을 보는 대신 오른쪽을 보면 되는 셈이니 말입니다. 도로 한편에 난 사고를 쳐다보는 대신 그대로 차를 몰고 지나가 버리는 거죠. 그렇지만 알고 보면 이것은 그렇게 쉬운 일이 아닙니다.

# 어째서 악마에게
# 주의를 기울이지 않기
# 어렵다는 거죠?

여러분을 고문하는 것에서 주의를 돌리기가 그렇게 쉽지는 않지 않을까요? 이 괴물에게 계속 주의를 기울이는 이유는 불행히도, 그것이 자극적이기 때문입니다. ADHD의 주요 법칙 가운데 하나는 자극을 추구한다는 것입니다(64쪽 참조). 설령 고통스러운 자극이라고 하더라도 지루함을 참는 것보단 낫습니다. 어떤 사람들은 우리가 특히 고통스러운 자극을 갈망한다고 말합니다. 그리고 악마에게 두들겨 맞는 것보다 더 고통스러운 자극은 없죠. 그것이 바로 우리가 악마에게 계속해서 먹이를 주는 이유입니다.

어째서 우리는 스스로 만족하는 대신 고통받길 선택할까요? 만족감은 그 맛이 너무 심심하다는 문제가 있기 때문입니다. 그리고 악마는 바로 여기서 우리에게 술수를 부립니다. 악마는 우리에게 어떤 형태로든 자극이 필요하다는 점을 이용하여 불행을 공급합니다. 그리고 이상하게도 우리는 불행에 질리지 않습니다.

**그러나 연습을 통해 – 그리고 이 연습에도 연습이 필요합니다 – 여러분은 주의를 다른 곳으로 돌리는 방법, 혹은 심지어 악마의 손아귀로부터 여러분을 낚아챌 정도로 자극적인 활동으로 주의를 돌리는 방법을 배울 수 있습니다.**

# 눈길을 돌리는 법 배우기

악마가 주는 피해에서 벗어나려면, 여러분의 주의를 고통과 불행 대신 선하고, 친절하고, 관대하고, 사랑스럽고, 아름답고, 달콤한 것에 집중하는 법을 배워야 합니다.

여러분을 돕기 위해, 저는 2,000년 전에 살았던 그리스인 스토아 철학자 에픽테토스를 소개하고자 합니다. 에픽테토스는 노예로 태어났으며 고통으로 가득 찬 어린 시절을 보냈습니다. 하지만 그는 주어진 것을 받아들이고 최선의 삶을 사는 데 집중했습니다. 비결이 뭐였을까요? 그는 우리가 주위 세상을 통제할 수는 없을지언정, 세상에 어떻게 반응하느냐는 통제할 수 있다는 점을 이해했습니다. 달리 말해, 행복의 비결이란 생각을 통제하고, 고통과 불행 대신 무언가 긍정적인 것으로 주의를 돌리는 것입니다. 보시다시피 제 조언 뒤편에는 여러분이 상상한 것보다 더 큰 권위가 있습니다.

마음을 다스리려면, 이 너무나도 자극적인 악마와 경쟁할 수 있을 만큼 강도가 높은 자극이 필요합니다. 그러므로 여러분을 사로잡고 끌어당길 수 있는 활동을 선택해야 합니다.

## 통제 요령

여러분의 악마를 잠재울 정도로 높은 자극을 주는 활동을 목록으로 만드세요. 목록을 적은 뒤 몸에 지니고 다니면서 마음속에 악마가 침입하려 할 때마다 읽어 보세요.

## 여기 몇 가지 고려할 만한 활동이 있습니다.

～ **고강도 신체 운동:** 대다수 사람에게 통합니다.

～ **시끄러운 음악 듣기:** '진짜' 시끄러운 음악은 악마와도 능히 경쟁합니다.

～ **친구에게 전화하기:** 한동안 이야기를 나누지 않았던 사람과 다시 연결되는 기분을 느끼는 것은 대체로 잘 먹히는 방법입니다.

～ **퍼즐 맞추기:** 역시나 먹히는 방법입니다. 여러분의 주의를 끌만큼 어렵지만, 그렇다고 못 풀 정도로 어렵지는 않은 퍼즐을 고르세요.

～ **비명 지르기:** 진짜 비명을 마음껏 내지를 수 있는 공간에 있다면, 통하는 방법입니다.

앞서 말했다시피, 주의를 돌리는 법을 익히려면 연습을 해야 합니다. 악마가 여러분을 고통에 중독시키는 데 대단히 능하기는 하지만, 여러분은 악마를 완전히 없애버리거나, 혹은 그 영향력을 최소화하는 방법을 배울 수 있습니다.

# 악마와 맞서 싸우기

저는 고등학교 때부터 악마와 사투를 벌였습니다. 인생 대부분 동안, 저는 음울한 절망감에 빠져들곤 했습니다. 절망에 빠지는 일은 예측할 수 없는, 무작위로 일어나는 사건이었으며, 제게는 그저 기다리는 것 외엔 상황을 바로잡을 방법이 없었습니다. 저는 어둠에 빠져 고통받았습니다. 짧지만 차디찬 시간이었습니다. 어둠에 빠질 때마다 저는 인생에서 가장 외롭고 공허한 순간을 겪었습니다. 이 절망과 고립의 순간 속에서 저는 살아갈 의욕도, 죽을 의욕도 느끼지 못했습니다. 저는 아무런 욕망도 느끼지 못했습니다. 저는 제가 절대 스스로 목숨을 끊지는 않을 것이란 사실을 알고 있었습니다. 그러나 이러한 순간들을 겪을 때, 저는 목숨을 잃더라도 개의치 않았을 겁니다.

저는 이러한 "에피소드"들을 항상 저의 유별나고, 온통 뒤죽박죽이었던 유년기 탓으로 돌리긴 합니다만, 그것은 제가 어떤 별자리나 달의 위상 아래에서 태어났느냐를 탓하는 것과 별다를 바가 없습니다. 정신과에서 수련하기 전까지, 저는 그 순간들의 맥락을 파악할 수 없었고, 제 경험이 아닌 다른 렌즈나 관점을 통해 살펴볼 수도 없었습니다. 그저 다른 모든 세상 사람들이 제자리를 찾아가는데, 저만 속한 곳이 없다는 원초적 이질감과 소외감을 느꼈을 뿐입니다.

정신과 의사가 된 뒤로, 저는 가능한 모든 해결책을 시도해 볼 수 있었습니다. 저는 (항상 다른 의사의 관리 하에) 치료제 대부분을 시도해 보았지만, 악마에겐 그 어떤 약도 듣지 않았습니다.

또한 저는 수년간 정신 분석을 시행했습니다. 정신 분석은 도움이 되기는 했지만, 악마에게는 전혀 듣지 않았습니다. 성공회 신자로서, 저는 (거의) 매주 일요일마다 교회에 나갔지만, 제 종교 역시 악마에게 듣지 않기는 마찬가지였습니다. 저는 매일 같이 할 수 있는 만큼 기도했지만, 제 기도는 악마를 막지 못했습니다.

**그렇지만 DMN과 DMN 통제법에 관해 배우면서 모든 것이 바뀌었습니다. 이제 매일의 연습을 통해, 저는 주의를 돌림으로써 악마의 공격을 받아넘길 수 있었으며, 이러한 "에피소드"가 일어나는 주기는 점점 더 짧아졌습니다.**

# 악마 없애버리기

이 책에서 제가 말한 여러 가지 이야기들 가운데 가장 중요한 것은 아마도 악마와 관련된 이야기일 겁니다. 여러분이 다른 곳에서 이런 이야기를 접했을 가능성은 거의 없습니다. TPN과 DMN 발견에 따른 파급 효과와 그에 관한 지식을 일상생활에 어떻게 적용할 수 있는지, 우리는 최근이 되어서야 오롯이 이해하기 시작했기 때문입니다.

ADHD가 있는 우리가 모두 악마와 싸우는 것은 아닙니다. 여러분에게 악마에게서 벗어나는 행운이 따르면 좋겠습니다. 그러나 여러분이 저처럼 악마와 싸우고 있다면, 치료제를 복용하거나 다른 복잡한 해결책을 시도해 보기 전에 먼저 주의 돌리기를 시도해 보세요.

## 명심하세요

∼ 악마는 여러분 상상력의 의도치 않은 결과물입니다.

∼ 악마가 하는 말은 천상의 진리나 다른 어떤 곳에서 온 진실이 아닙니다. 그저 여러분 자신에게서 나온 말일 뿐입니다.

∼ 여러분이 바로 악마의 책임자입니다. 악마가 여러분을 지배하게 두지 마십시오.

∼ 악마를 만든 사람은 바로 여러분입니다. 그러니 여러분은 악마를 없앨 수 있습니다.

∼ 악마의 창조주는 바로 여러분이라는 사실을 절대 잊지 마세요. 악마는 여러분 없이 존재할 수 없습니다.

Chapter 8

# 중독

이 장에서는 ADHD가 우리가 흔히 중독이라 부르는 것과 맺고 있는 밀접한 관계를 살펴보겠습니다. ADHD에 대한 저의 접근 방식은 일반적으로 역량에 바탕을 두고 있습니다. 그래서 흔히 ADHD에 뒤따르는 가장 위험한 습관에 대한 접근 방식도 마찬가지입니다. 이 습관은 바로 쾌감을 얻거나 고통을 줄이기 위해 약물이나 부적응적 행동에 의존하는 것입니다. 이 장에서는 이러한 습관에 관해 샅샅이 살펴보고, 중독의 덫에서 벗어나기 위한 실행 계획을 제시할 것입니다.

# 도덕적 결함이 아닌, 매혹적인 덫

중독이란 쾌감을 얻거나 고통을 줄이기 위해서, 이로움보다 해악이 큼에도 사용을 중단하기가 극도로 어려운 수단에 의존하는 것을 뜻합니다. 사람들은 "중독"이나 특히 "중독되었다"라는 말은 들었을 때, 긍정적인 요소는 전혀 떠올리지 못하는 반면, 부정적이거나 수치스러운 요소들을 무더기로 떠올립니다.

그렇기에 저는 중독을 여러분의 유전자와 사회가 놓은 덫으로 보는 편을 선호합니다. 따지고 보면, 덫에 빠지고 싶어서 빠지는 사람은 없지 않습니까? 중독이 도덕적 결함이나 질병이라는 견해를 거부한다면, 낙관과 희망이 개입할 여지가 있는 틀을 만들 수 있습니다. 그리고 낙관과 희망은 중독이란 덫에서 벗어날 효과적인 계획의 핵심 요소입니다.

또한, 이 "덫 모델"은 현실에 잘 맞습니다. 그것이 어떤 물질이든 간에, 덫에 빠진 사람들 대부분은 첫 경험 때 마치 삶의 해결책을 찾은 듯한 기분을 느꼈다고 설명합니다. 고통스러운 삶을 진정으로 즐길 수 있는 삶으로 바꾸는 방법을 발견했다고 느꼈다는 식으로 말이죠. 그러나 이 해결책에 무언가 문제가 생겼을 때, 이들은 마치 모래 늪에 들어간 사람처럼 꼼짝도 못 하는 처지가 되어버립니다. 그러므로 중독 치료의 핵심은 모래 늪에서 빠져나올 방법을 찾는 동시에 즐거움을 찾고 고통에 대처할 다른 방법을 개발하는 것입니다.

## 명심하세요

의지력은 위대한 힘이지만, 유전자와 생물학이 지닌 힘과 비교하면 하찮은 힘입니다. 의지력에 기대는 것은 꿈을 실현하기 위해 소망에 기대는 것과 마찬가지입니다. 소망이란 사랑스럽기 마련이지만, 변화하려면 더 구체적인 도움이 필요합니다.

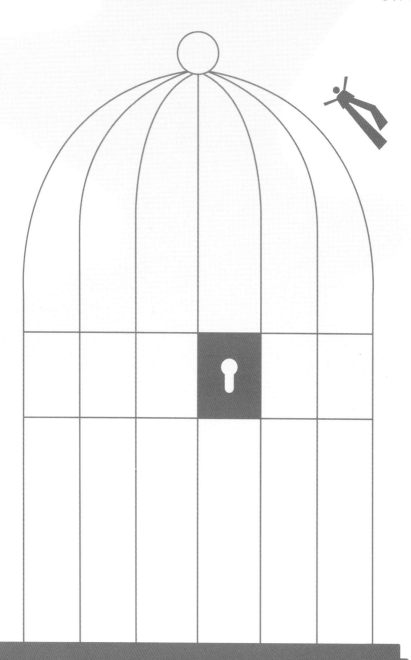

**중독이 있는 사람들
가운데 90%는
도움을 구하지
않습니다.**

## 명심하세요

정말 슬픈 사실입니다. 매년 물질사용장애(SUD)로 치료를 받아야 하는 사람들 가운데 90%가 전문가의 도움을 구하지 않습니다. 여러 가지 이유가 있지만, 주된 이유는 다음과 같습니다.

~ 수치심과 낙인, 두려움 때문에 문제가 커짐에도 누구에게도 말하지 못함

~ 어떤 도움을 받을 수 있는지 모르거나, 중독자 지원이 지난 수십 년에 걸쳐 얼마나 효과적으로 발전했는지 모름

~ 필요한 도움을 어떻게, 어디에서 받을 수 있는지 모름

# 즐거움을 얻고 고통에 대처하는 법

**더 나아가기 전에 다음 두 질문에 관해 생각해 보세요.**

**1** 여러분은 스트레스나 고통을 완화 하기 위해 무엇을 하나요?

**2** 여러분은 삶에서 어떻게 쾌감을 얻나요?

이러한 질문의 답을 아는 것은 중요합니다. ADHD를 관리하거나, 위험하지 않은 형태로 쾌감의 더 믿음직한 사촌인 즐거움을 얻는 법을 알아내는 데 도움이 되기 때문입니다.

준비가 다 되면 페이지를 넘기세요. 사람들이 쾌감을 얻거나 고통을 완화하기 위해 쓰는 일반적인 방법들에 관해 생각해 봅시다.

# 쾌감을 얻는 (그리고 고통에 대처하는)
# 5가지 해로운 방법

**기분과 감정을 다스리는 데 쓸 수 있는 몇몇 불건전한 방법들을 살펴봅시다.**

〰〰〰〰〰〰〰

1. **약물과 알코올:** 제 견해로는 ADHD가 있는 사람들에게 가장 위험한 단일 위험 요소는 기분 전환 약물과 알코올입니다. ADHD 집단에서는 중독이나 물질사용장애(SUD)가 일반 인구 집단보다 5~10배 더 흔하게 나타납니다. 중독자의 80%가 13세에서 23세 사이에 약물이나 알코올에 손을 대기 시작하므로, 이 10년이 중대한 위험 지대입니다. 이 특정한 시기가 이토록 위험한 이유는 무엇일까요? 그것은 바로 청소년 대부분이 자신이 영원히 살 것이라고 믿기 때문입니다. 그렇기에 이들은 재미만 있다면 그 어떤 위험도 감수할 준비가 되어 있으며, 심지어 위험을 열망하기까지 합니다. 그러면 ADHD와 이 시기가 결합하면 어떻게 될까요? 기억나시나요? ADHD가 있는 사람들은 위험을 좋아합니다(65쪽 참조). 위험이란 자극적인 법이니까요. 이 결합의 결과물은 바로 모험의 이름 아래에서 죽을 준비가 된 젊은이들입니다.

혹시 ADHD가 있는 청소년의 부모십니까? 여기 자녀들이 위험한 방식으로 쾌감을 얻거나, 물질사용장애에 빠지는 것을 방지하는 몇 가지 조언이 있습니다.

〜 교육 – 위험은 아무리 설명해도 지나치지 않습니다. 그렇지만 자녀에게 위험에 관해 장광설을 늘어놓진 마세요. 결국 요령이 중요합니다.

〜 자녀에게 알코올이나 기타 물질을 절제하는 모범을 보이세요.

〜 파티에서 누군가 자녀에게 약물이나 알코올을 권하는 상황을 가정하고 역할극을 해보세요.

〜 가정에서 솔직하게 이야기하는 문화를 만드세요 – 여러분은 자녀가 안심하고 여러분에게 진실을 고백할 수 있기를 바랄 것입니다.

〜 자녀가 약물을 복용하거나 과음을 하는 사건이 벌어졌다면, 꼭 도움이 되는 방식으로 반응하세요. 버럭 화를 내거나 심한 처벌을 가하지 마세요. **ADHD 처벌에 관한 금언: 처벌은 먹히지 않습니다.**

2.  **행동 중독:** 행동 중독의 가장 흔한 형태는 스크린(스마트폰), 음식, 쇼핑, 운동, 도박, 섹스 중독 등입니다. 예전에는 이러한 중독을 농담거리로 여겼지만, 이것들은 농담거리가 아닙니다. 좋은 소식은 이를 도울 방법이 있으며, 여러분이 그 도움을 받을 수 있다는 것입니다.

3.  **회피:** ADHD가 있는 사람들은 고통에 대한 주 방어기제로 회피를 사용합니다. 이들은 고통을 줄 수 있는 것들을 피합니다. 가령, 새로운 기술이나 운동을 배우거나, 누군가에게 데이트를 신청하지 않으려 합니다. 설령 자신들에게 도움이 되는 일일지라도 일단 피하고 봅니다.

4.  **고립:** 다른 사람들에게서 멀어지는 것 또한 고통을 회피하는 일반적인 방법입니다. 말과 행동을 통해 남들을 밀어냅니다.

5.  **혐오감 주기:** 최대한 덜 매력적인 사람이 되어 사람들과 거리를 두려 합니다. 아무도 다가오지 않으면, 아무도 아프게 하지 못할 테니까요. 안 그래요?

삶이 주는 고통은 여러분을 중독이나 부적응 행동으로 이끌 수 있지만, 여러분이 고통을 달래고 즐거움과 친구가 되는 건강한 방법을 개발한다면 여러분의 생명을 구해줄 수도 있습니다.

**중독의 80%는 13세에서 23세 사이에 시작됩니다.**

# 쾌감을 얻는 (그리고 고통에 대처하는) 5가지 건강한 방법

이제 기분과 감정을 다스리는 데 쓸 수 있는 5가지 효과적이고 건강한 방법들을 살펴보겠습니다.

1. **사람들과 연결되기:** 단연 최고의 방법입니다. 삶을 좋게 만드는 것은 바로 관계니까요. 인간은 사회적 생명체입니다. 행복률에 관해 이루어진 연구들은 모두 관계를 최고봉에 놓습니다. 이토록 명백한 사실을 모르고 사는 듯 보이는 사람들이 어찌나 많은지, 놀랍다는 생각이 듭니다. 최근에 이루어진 인간의 행복에 관한 연구는 사람들과 연결되는 것, 즉 사랑이 일생 전반에 걸친 건강과 성취감, 지속적인 기쁨을 가장 잘 예측하는 주요 변수라는 사실을 밝혀냈습니다. 연결은 최고의 치료제입니다.

2. **신체적 운동:** 운동이 기분을 좋게 할 뿐만 아니라 생각하는 데도 도움을 준다는 것은 증명된 사실입니다. 운동의 유일한 문제는 바로 여러분이 운동을 하게 하는 것입니다. 가장 좋은 방법은 다른 누군가와 함께 운동하는 것입니다. 워킹, 하이킹, 스피닝, 댄스, 그것이 무엇이든 여럿이서 할 수 있는 즐거운 운동을 찾고, 매주 운동 계획을 세우세요.

3. **창의성 분출구 찾기:** ADHD가 있는 사람들에게는 창의성을 분출할 수단이 필요합니다. 상상 속에 쌓인 것들을 표현할 필요가 있기 때문입니다. 분출구가 없으면 우리는 우울해합니다. 대다수 사람들은, 그리고 심지어 업계의 전문가마저도 이 사실을 잘 모릅니다. 연구 대상이 아니었으므로 연구, 달리 말해 "문헌"이 되지 못했기 때문입니다. 그러나 저는 평생 제게서 나타난, 그리고 제 환자들에게서 나타난 창의성 분출 욕구를 연구해 왔습니다. 제가 이렇게 책을 많이 쓴 이유 가운데 하나는, 집필 중인 책이 없으면 무언가 잘못된 듯한 기분이 들어서입니다. **창의성의 분출구를 찾으라고 촉구하는 것은, ADHD 환자에게 줄 수 있는 가장 효과적인 제안 가운데 하나입니다.** 제 제안을 따른 환자들은 예외 없이 근본적인 '삶의 즐거움(joie de vivre)'이 양자 도약하는 경험을 합니다. 여러분과 잘 맞는 창의성 분출구를 찾고, 주기적으로 그 활동을 하세요. 그림 그리기, 목공, 뜨개질, 단편 쓰기 등등 무엇이든 좋습니다.

4. **충분히 잠자기:** "충분한" 수면 시간이란, 거의 틀림없이 지금 여러분이 자는 시간보다 더 긴 시간입니다. 우리 ADHD 뇌는 너무 바빠서 모든 자극을 제쳐두고 잠들고 싶어 하지 않습니다. 여러분은 수면을 전원을 내리는 행위로 여길지도 모르지만, 잠을 자는 동안 뇌는 절대 전원이 내려간 상태가 아닙니다. 전혀 아니죠. 우선 꿈이라는 게 있잖아요. 안 그래요? 게다가 수면 중에는 꿈보다 더 중요한 기능인 청소 작업이 실행됩니다. 여러분의 뇌에는 깨어 있던 동안 뇌에 뒤죽박죽 쌓인 것들을 소매를 걷어붙이고 청소하는, 가장 훌륭한 뉴런들로 이루어진 팀이 있습니다. 그런데 이 청소 요원들은 각성 센터가 문을 닫기 전까지는 작업을 시작하지 못합니다. 그러니 수면은 필수적이죠. 수면의 질을 높이기 위한 조언이 195쪽에 적혀 있으니 참조하세요.

5. **개 기르기:** 좋습니다. 마음껏 웃으시길 바랍니다. 그런데 저는 진지합니다. 이 방법이 모두에게 현실적이지는 않다는 사실을 잘 알고 있습니다. 개를 기를 공간이 없거나, 개 알레르기가 있을 수 있으니까요. 게다가 애완동물이 죽으면 마음이 찢어지기 마련이니까요. 그렇지만 제 생각에 개만큼 완전하고, 순수하고, 조건 없는 사랑을 주는 것은 없습니다. 제 말을 믿으세요. 사랑하는 개보다 더 큰 삶의 낙은 없다니까요. 여러분은 그냥 사랑할 대상을 찾고 소중히 여기기만 하면 됩니다. 나머지는 개들이 알아서 해줄 거예요. 개를 기를 수 없다면, 개가 있는 친구의 집을 방문하거나, 이웃의 개를 산책시키겠다고 제안하거나, 인근에서 개 산책 행사가 열리는지 알아보세요.

**여러분의 문제가 무엇이든, 이런 방법들을 염두에 두고 여러분만의 방법을 개발하면 삶에 큰 도움이 될 것입니다.**

# 보상 결핍 증후군

ADHD가 있는 사람들은 날 때부터 즐거움 조절기가 너무 낮게 설정되어 있습니다. 그러므로 평범한 즐거움을 얻으려면 특별한 수단에 의지해야 합니다. 대단히 중요한 (그리고 사람들 대다수가 한 번도 들어본 적이 없을 터인) 사항이므로, 이에 관해 더 자세히 설명하겠습니다.

대다수 사람들은 삶을 즐기며 하루하루를 보냅니다. 자신의 삶을 사랑하진 않는다고 하더라도, 살아있음을 다행이라 여기며 살아갑니다. 사실, 대다수 사람들은 매 순간을 비교적 만족한 상태로 살아갑니다. 비교적 만족한 상태란, 불행하거나 무언가에 화가 난 상태와 비교했을 때 만족스러운 상태를 말합니다.

이들은 아침이 되면, 마치 온도 조절기가 적정 온도를 맞춰주듯이, 적절한 기분, 즉 신이 난 정도는 아닐지언정 꽤 좋은 기분으로 일어납니다.

이와 대조적으로, ADHD가 있는 사람들은 추위에 해당하는 기분으로 아침에 눈을 뜹니다. 달리 말하면, ADHD가 있는 사람들은 감정 온도 조절기가 아주 낮게 설정되어 있습니다. 행복감을 느끼려면 연습을 해야 합니다. 대다수 사람들의 자동 설정에 해당하는 즐거움을 느끼려면 노력해야만 합니다.

## 즐거움을 느끼는 요령

새가 지저귀는 소리를 듣거나 신선한 커피를 한 모금 마시는 순간 같은 한순간의 즐거움을 저는 "핑"[4]이라고 부릅니다. 우리 ADHD가 있는 사람들은 한순간의 즐거움을 대개 눈치채지 못합니다. 핑의 순간이 주는 즐거움이 오래가게 하는 한 가지 방법은, 노래를 부름으로써 ─ 아무도 신경 안 쓰니 걱정하지 마세요 ─ 그 순간에 주목하는 것입니다. 그러면 노래와 함께 그 순간을 계속 간직하고 기억할 수 있습니다.

--------------------------------

[4] Ping 금속이나 유리로 된 물건이 부딪힐 때 나는 소리 ─ 옮긴이

ADHD가 있는 사람들은 기분을 되살릴 방법을 매일매일 찾아내야만 침울한 감정 상태를 만족과 기쁨의 감정 상태로 끌어올릴 수 있습니다. 휴지기에 감정 온도가 너무 낮게 설정되어 있기에 매일 해야만 하는 자질구레한 일이죠.

약학자 케네스 블럼은 이 이론을 만든 뒤 보상 결핍 증후군이라고 이름 붙였습니다. 이 증후군은 도파민 D2 수용체의 유전적 차이로 인해 발생합니다. 블럼은 실제로 검사 방법을 개발하여 이 유전적 차이가 있는지 알 수 있게 하였으며, 미량 영양소 섭취를 바탕에 둔 치료법 정밀중독관리(PAM)를 만들었습니다. 그의 이론은 모든 중독과 물질사용장애, 강박 행동에 내재한 강력한 유전적 요소를 설명합니다.

결론은 도파민을 다루는 측면에서 우리가 모두 동등하게 태어나지는 않는다는 것입니다(136쪽 참조).

# 마법의 분자, 도파민

**도파민은 뇌의 보상 체계에서 중요한 역할을 하는 신경 전달 물질인데, 흔히 "기분 좋은 호르몬"이라 불립니다.**

본질적으로, 우리의 쾌락 추구란 결국 도파민을 분비하여 뇌 신경 세포들의 접합부인 시냅스로 보내는 행위입니다. 도파민 한 방울 한 방울이 우리가 쾌감이라 부르는 감각을 만들어 냅니다. 쾌락으로 가는 길은 많지만, 모든 길은 쾌락에 이르는 최종 공통 경로인 "도파민 중추"로 통합니다.

문제는 우리가 도파민이 주는 쾌감에 질리지 않아서, 그 쾌감을 늘 갈구할 때 발생합니다. 중독과 물질사용장애는 여기서 비롯됩니다. 중독이란 줄이고 싶지만 줄일 수 없는 모든 활동을 의미합니다. 음식, 쇼핑, 스크린(스마트폰), 운동에서 도박과 위험 추구(스릴), 섹스에 이르기까지 중독의 범위는 화학 물질을 한참 넘어섭니다.

정신 건강 분야를 통틀어 손을 댄 약물에서 헤어나오지 못하는 덫에 빠지는 것만큼 복잡한 주제는 없습니다. 여기에는 다양한 요소가 작용합니다. 가족력이 어떤지, 유년기를 어떻게 보냈는지, 이른 시기에 약물에 노출되었는지, 어느 동네에 사는지, 다녔던 학교의 문화가 어땠는지, 트라우마가 있는지 (혹은 없는지) 등등 온갖 요소가 작용하지만, 이 쇼의 간판 스타는 바로 도파민입니다.

**이 덫을 정의하는 한 가지 방법은 다음과 같습니다 – 줄이고자 진정으로 노력함에도 줄일 수 없는 물질이나 활동, 관계.**

다음과 같이 다르게 정의할 수도 있습니다 – 박탈당하거나, 접촉할 수 없거나, 할 수 없을 때, 중독 대상에 대한 끝없는 갈망부터 발열, 심박 수와 혈압 상승, 가쁘거나 얕은 호흡, 공포감, 신체적 불안, 가려움, 짜증, 불면증, 온갖 병에 걸린 듯한 전반적으로 끔찍한 기분, 심지어 죽고 싶은 충동 같은 신체 징후들까지 온갖 금단 증상을 일으키는 물질이나 활동, 관계.

이 덫의 잔인하고 사악한 아이러니는 바로 그 끝이 지옥임에도 시작은 천국이라는 점입니다.

천국, 마침내 찾아온 행복의 문, 여태껏 한 모든 기도의 응답, 침울한 삶에서 벗어나는 티켓이자 달콤한 삶을 보장하는 티켓, 눈앞의 문제와 내면의 문제를 모조리 눈 녹듯이 없애 줄 해결책. 처음에는 그렇게 보일 것입니다. 바로 그때, 여태껏 알려진 가장 가학적인 미끼 상술이 그 실체를 드러냅니다. 마법의 분자 도파민이 부린 마법이 끝나버린 것입니다. 이제 보상은 사라지고 신체적 필요만이 남습니다. 여전히 중독된 물질이 필요하고, 여전히 중독된 활동을 해야 하고, 여전히 중독된 관계를 이어나가야 하지만, 이제는 아무런 보상을 얻을 수 없습니다. 중독은 계속됩니다. 이제 보상이 아니라 금단 증상이 주는 고통을 완화하기 위해서.

보시다시피 쾌감을 어떻게 얻느냐가 쾌감 그 자체보다 더 중요합니다. 여러분이 도파민을 챙겨야 도파민도 여러분을 챙겨줍니다.

# 실행 계획

여기 덫에서 벗어나는 데 도움을 주는 7단계 계획이 있습니다.

## 1. 완전한 진단 받기

ADHD가 중독과 함께 나타나는 경우에는 대개 동반되는 다른 질환이 하나 이상 있습니다. 불안 장애나 우울증이 ADHD와 결합하여 나타나는 경우가 많고, 트라우마를 겪은 적이 있거나 외상 후 스트레스 장애(PTSD)가 있는 경우도 있으며, 상대가 조금이라도 거절하거나 실망하는 반응을 보일 때 과민 반응하는 질환인 '거절 민감성(RSD)'이 있을 때도 있습니다. 전문가와 힘을 합쳐 정확하고 종합적인 진단을 받으시길 바랍니다.

## 2. 계획 수립하기

진단을 받았다면 이제 계획을 수립해야 합니다. 덫에서 벗어나는 최고의 방법은 비용이 가장 적게 들고, 병원이나 수용소, 초고가 중독 치료 목장, 기타 호화 시설 등에서 시간을 들일 필요가 없는 방법입니다. 그것은 바로 가능한 한 일상생활을 하면서 – 신중히 선택한 전문가의 도움을 받아 – 즐거움을 주고 고통을 덜어주는, 중독 물질이나 강박적 활동이 아닌 방법을 찾아내는 것입니다.

앞 장에서 배운, 즐거움을 찾고 고통을 피하는 건강하고 적응성이 높은 방법들을 유념하세요. 수면과 운동, 영양 섭취, 명상, 일상에서 연결을 경험하는 인간적이고 긍정적인 순간들을 여러분의 계획에 넣어 보세요.

## 명심하세요
~~~~~~~

다음은 잘 먹히지 않는 방법들로, 계획에 포함하면 안 되는 것들입니다.

~ 엄격한 사랑을 받는 것, 대단히 위험할 수 있습니다.

~ 인생을 그만 낭비하거나 그만 망치라는 훈계와 권고를 받는 것

~ 가족이나 친구, 지역 사회, 걱정하는 사람들에게 그만 폐를 끼치라는 소리를 듣고 죄책감
   과 수치심을 느끼는 것

~ 최신 유행하는 치료법을 따르는 것

~ 부적절한 사후 관리를 하는 재활 시설에 입소하는 것

### 3. 공감과 낙관 가까이 하기, 수치심과 낙인 거부하기

덫에서 벗어나고 싶다면, 평가당하는 기분이나 경멸받는 기분을 느껴서는 안 됩니다. 이해받는 기분과 존중받는 기분을 느끼는 것이 중요합니다. 여러분에게 기쁨을 주고 고통을 줄여줄 수 있는 것들은 많고도 많습니다. 그렇지만 이 모든 것들의 시작은 여러분이 이해받고, 존중받고, 낙관적인 기분을 느끼는 것입니다. 현재까지 수치심을 없애는 최고의 방법은 수치심을 겪어보고 그것이 어떤 기분인지 잘 아는 사람들과 연결되는 것입니다.

(다음 단계인) 의미 있는 배움이 시작되려면, 우선 수치심과 낙인찍힌 느낌이 해소되고 낙관적인 기분이 형성되어야만 합니다.

**자신을 사랑하려면, 우선 자신을 알아야 합니다. 여러분이 어떤 사람이고 무엇을 사랑하는지 정확히 알아야만 합니다.**

### 4. 자기 학습하기

여러분은 자기 자신을 이해해야 합니다. 자신의 내면에서 무슨 일이 일어나고 있는지 더 잘 이해할수록, 내면을 다른 사람들에게 더 인정받을수록, 여러분의 내면을 더 쉽고 빠르게 받아들일 수 있습니다. 제 말이 여러분이 만든 파멸을 부르는 습관을 받아들이라는 말로 들리시나요? 그러한 습관을 만들고 덫에 빠진 사람, 즉 여러분을 받아들이라는 말일까요? 정말로요? 그 대답은 '네'입니다. 한번 이해하고 나면, 그것이 여러분의 정체성에 부정적일 뿐만 아니라 긍정적으로도 기여했다는 사실을 깨닫고 그 진가를 인정하게 될 것입니다. 이 책은 한마디로 ADHD를 받아들이는 법을 배우는 연습입니다.

## 5. 정기적으로 만나 전체 과정을 감독해 줄 ADHD 코치나 치료사 찾기

ADHD 코치나 치료사와의 관계야말로 중독 치료의 주춧돌입니다. 이 사람은 여러분의 인도자이자 친구이자, 무슨 일이 있어도 찾아갈 수 있는 의사가 되어 줄 사람입니다. 이들은 여러분의 치료와 관련된 다른 사람들과 체계적으로 소통할 것입니다. 심리 평가가 필요하다면 심리학자를 찾아줄 것이고, 약물치료가 필요하다면 의사를 찾아줄 것입니다.

ADHD 코치나 치료사는 여러분에게 집행 기능(EF) 관련 기술을 지도하여 향상해 주거나, 그러한 기술을 익히는 데 도움을 줄 다른 코치를 소개해 줄 수 있습니다.

여러분의 치료 팀과의 정기 만남을 각자 상황에 맞춰, 가능한 한 자주 잡으시길 바랍니다. 치료 성공 여부는 여러분이 치료 팀과 질적으로 어떤 관계를 맺었냐에 크게 좌우됩니다. 특히 주치의와의 관계는 중독 치료를 위한 이 지속적인 노력에서 가장 중요한 관계입니다.

## 명심하세요

인생의 좋은 것들은 거의 모두 연결에서 비롯되며, 안 좋은 것들은 거의 모두 단절에서 비롯됩니다.

## 6. 쾌감을 얻고 고통을 완화하기 위한 건강하지 않은 방법들과 ADHD를 동시에 관리하기

일반적인 관념과는 달리, 자극제 약물 시도는 해도 괜찮은 일일 뿐만 아니라 실제로 권장되는 일입니다. 자극제 약물이 ADHD와 건강하지 않은 습관 모두에 도움이 될 가능성이 크기 때문입니다. ADHD 치료제에 관해 더 자세히 알고 싶다면 13장 치료제를 참조하시길 바랍니다.

## 7. 약물 보조 치료(MAT)

'익명의 알코올중독자들(AA)'이나 '익명의 약물중독자들(NA)' 같은 집단 치료 모임에서 제시하는 12단계 프로그램은 생명을 구하기는 하지만, 치료 성공을 1년 뒤에도 술이나 약물을 끊고 있는 상태로 정의할 경우, 치료 성공률은 15%에 불과합니다. 그러나 이제 진보한 약물 보조 치료(MAT)가 등장하면서 치료 성공률이 약 70%로 높아졌습니다. 이제 목표는 더 많은 사람이 치료에 참여하게 하는 것입니다. 여러분의 주치의가 이용 가능한 여러 약물에 관해 설명해 줄 겁니다.

### 치료 요령

자극제 복용은 중독 위험을 크게 줄여줍니다. 자극제는 관문 이론에서 말하는 더 강한 약물로 이어지는 관문과는 거리가 멀며, 오히려 그 관문을 닫는 데 도움을 주는 치료제입니다.

# 자유를 찾아서

제가 전하려는 가장 중요한 메시지는 이것입니다. 최근의 과학 발전과 결합한 사람 사이의 연결은 여러분을 덫에서 자유롭게 하고, 회복하게 하여 그 어느 때보다도 건강하게 만들 수 있습니다. 제대로 된 도움을 받기만 하면 됩니다. 꼭 최신 과학 지식을 갖추고 지적 낙관주의의 분위기를 풍기는 전문가에게 치료받으시길 바랍니다.

가장 강력한 치료법은 정보에 기반을 둔 사랑입니다. 정보에 기반을 둔, 방향성 있고 지속적인 긍정 에너지가 여러분을 둘러싸고 있을 때 기적은 일상이 됩니다. 이런 사랑은 사람을 치료할 뿐만 아니라 제2, 제3의 삶을 줍니다. 그리고 불가능해 보였던 일들을 손쉬운 일로 만들어 줍니다.

# Chapter 9

# 연결과
# 관계

사람 사이의 연결과 그 원동력인 사랑은 힘차게 뛰는 삶의 심장입니다. 이번 주제는 특히 ADHD와 관련성이 큽니다. ADHD가 있는 사람들은 대부분 관계와 사랑에 서툴기 때문입니다. 이것은 낭만적 사랑에 국한한 이야기가 아닙니다. 물론 낭만적 사랑이 중요하긴 하지만 말입니다. 제가 말하는 사랑은 가족이나 친구, 열정적 관심사, 취미, 일은 물론, 삶 그 자체에 관한 사랑, 즉 모든 종류의 사랑입니다. 사랑을 주고받을 수만 있다면, 다른 모든 것은 따라오기 마련입니다. 사람들이 말하듯이, 사랑이 곧 성공입니다.

이 장에서는 사람 사이의 연결이 어떻게 삶에서 중요한 모든 것들의 기반이 되는지 설명하고, 여러분이 스스로 사랑 앞에 약해지고 사랑에 마음을 열게끔 격려하고, ADHD가 있는 사람들 사이에서 흔히 나타나는 관계 문제를 살펴보도록 하겠습니다.

# 인간적 연결의 위력

연결은 사람의 삶에 가장 큰 변화를 일으키는 힘입니다. 성인 발달에 관한 하버드대학의 연구는 이 사실을 뒷받침하는 가장 확실한 증거입니다. 이 연구는 1938년에 남학생 집단을 대상으로 한 **코호트 연구**[5]로 시작되었는데, 이후에 연구가 확대되어 여성과 다양한 사회 경제적 계층에 속하는 사람들, 그리고 이들의 자손까지 대상으로 삼게 되었습니다.

--------------------------------
[5] 코호트란 특정 통계 요인을 공유하는 동종 집단을 뜻하며, 코호트 연구란 코호트를 대상으로 한 전향적 연구, 즉 연구 계획을 먼저 세운 뒤, 연구 시작 시점 이후의 데이터를 모아 진행하는 연구를 뜻합니다-옮긴이

**명심하세요**

사람 사이의 연결은 세상에서 가장 강력하고 선한 힘입니다. 어떤 사람들은 이 힘을 사랑이라 부릅니다.

연구자들은 피험자들의 삶에서 상상할 수 있는 모든 변수를 추적 조사하고, 직접 피험자들을 인터뷰했습니다. 이것은 여태까지 행복과 웰빙에 관해 이루어진 연구들 가운데 가장 오랜 시간에 걸쳐, 가장 포괄적으로 이루어진 종단적 연구[6]입니다.

주요 연구자였던 정신과 의사 조지 베일런트는, 계속되는 기쁨과 충족감, 삶의 경과에 따른 건강을 예측하는 가장 중요한 변수가 연구 결과 무엇으로 밝혀졌느냐 질문에 더할 나위 없이 짧게 대답했습니다.

**사랑이 곧 행복입니다. 이상.**

........................................
[6] 시간의 경과에 따른 연구 대상의 변화를 관찰하는 연구 방법 - 옮긴이

다른 그 어떤 요인보다도, 여러분이 맺는 인간관계의 질과 깊이가 여러분이 어떤 삶을 살지를 결정 짓습니다. 정말로 좋은 소식이 아닐 수 없습니다. 깊이 있고 애정 어린 관계는 누구에게나 열려 있으며, 아무런 돈이 들지 않고, 적절히 관리하면 (대개) 엄청난 즐거움까지 주기 때문입니다.

길고 행복한 삶의 비결이 공짜인 데다가, 손쉽게 이용할 수 있고, 심지어 재미있기까지 하다는 말이냐고요? 네. 이것은 증명된 사실입니다. 사람 사이의 연결을 우선으로 삼고, 매일의 일상 속에서 관계를 가꾸나가는 것은, 삶을 가능한 한 좋게 만들기 위해서 우리가 내디딜 수 있는 최선의 한 걸음입니다.

# 사회적 고립의 위험성

단절은 반대로 사람을 죽입니다. 고독과 사회적 고립은 흡연이나 심각한 알코올 남용만큼 해롭습니다. 미국의 의무총감은 미국의 가장 큰 의학적 문제로 고독을 꼽았습니다. **정신의학적 문제가 아니라, 의학적 문제로 말입니다.** 게다가 흔히 고독에서 비롯되는 우울증은 여러 만성 질환의 문제를 더 복잡하게 만드는 요인이자, 결근의 주요한 원인입니다.

게다가 사회적 고립은 여러분을 죽일 수도 있습니다. 수십 년도 전에 유행병학자 리사 버크먼이 사회적 고립과 조기 사망의 연관성을 살펴보는 기념비적 연구로 증명한 사실입니다. 이 연구들은 사회적 유대가 강한 사람들이 다른 사람들과 덜 연결된 사람들보다 조기 사망할 위험성이 3배나 더 낮다는 점을 보여주었습니다. 버크먼은 고독이 흡연이나 알코올 남용, 차량 탑승 시 안전띠 미착용만큼이나 해롭다는 점을 보여주었습니다. 어찌나 예상치 못한 발견이었는지 처음에는 전문가들조차 결과를 믿지 못할 정도였습니다. 그렇지만 전 세계에서 이루어진 수십 건의 연구에서 버크먼이 내놓은 연구 결과와 마찬가지인 결과가 나타났습니다.

실제로 사망 위험 요소로서 고독과 사회적 고립을 살펴본 2015년 연구에서는 고독이 조기 사망 위험을 26% 높일 가능성이 있다는 결과가 나왔습니다.

**고독은 조기 사망 위험을 26% 높일 가능성이 있습니다.**

# 열정을 찾아서

얼마 전 제 모교에서 학생들에게 강연해 달라며 저를 초청했습니다. 제 모교의 수많은 학생들이 – 그리고 전 세계 모든 학교의 학생들이 – 바라는 바는, 그리고 학부모 대다수들이 바라는 바는 바로 일류 대학에 입학하는 것입니다. 그러나 저는 강연에서 이와는 전혀 다르고, 훨씬 더 합리적인, 증거에 기반을 둔 관점을 제시했습니다. 저는 "최고"의 대학에 입학하는 것을 극단적으로 중요시하면 교육의 가장 중요한 목적, 즉 사랑에 빠지는 것에서 멀어질 수 있다고 학생들에게 이야기했습니다.

**저는 학생들에게 학창 시절을 사랑에 빠지는 데 쓰라고 권했습니다. 좋아하는 과목, 책, 악기, 꿈, 철학과 사랑에 빠지라고요.** 최고 등급의 성적을 받는 것이 지닌 중요성은 시간이 지나면서 점점 희미해지지만, 가령 화학 같은 주제와 사랑에 빠지는 것은 평생토록 중요하다고 설명했습니다. 사랑에 빠지고, 시간을 두고 그 사랑이 깊어가게 한다면, 삶을 살 준비가 된 것이라고도 했죠. 명망 높은 대학에 다니는 것은 사랑이 주는 평생의 선물과 비교하면 조금도 중요하지 않습니다.

이 메시지는 모두에게 중요하지만, ADHD가 있는 사람들에게 특히 중요합니다. 이들의 성적은 일반적으로 소위 일류 대학에 입학할 정도가 아니므로, 흔히 자신들을 이류라 여기기 때문입니다. 좋은 소식은 장기적으로 볼 때 어디서 공부했느냐는 그다지 중요하지 않다는 것입니다. 중요한 것은 여러분이 어떤 태도와 기술을 기르고 익히느냐입니다. 그리고 누구나 성공과 성취에 필요한 태도와 기술을 개발할 수 있습니다.

# 사랑이 무슨 의미죠?

**사랑이란 사람, 장소, 물건, 아이디어, 소명, 활동, 바람, 꿈, 혹은 다른 무언가를 대상으로 긍정적인 관심을 극대화하는 것입니다.**

사랑은 상상력의 산물입니다. 상상력은 우리 ADHD가 있는 사람들의 가장 큰 자산이므로, 사랑에 관한 한 우리는 한발 앞서 시작하는 셈입니다. 상상력은 사랑 안에서 가장 창의적으로 일합니다. 사랑은 대다수 사람들이 현실이라 부르는 것을 본 뒤, 더 나은 형태의 현실을 상상하고, 그 형태를 실현합니다.

제가 이 '사'로 시작하는 단어를 이토록 많이 쓰는 것은, 사랑이 얼마나 중요한지 분명히 강조하고 싶기 때문입니다. 사랑은 그 무엇보다 중요합니다. 사랑을 그냥 기다려선 안 됩니다. 지금 바로 사랑을 찾으러 가세요. 여러분은 사랑할 수 있습니다. 어떻게 하냐고요? 주위를 둘러보세요.

# 사랑의 장애물들

**너무 많은 사람들이 사랑 앞에 멈추어 섭니다. ADHD가 있는 사람들은 특히 더 그렇습니다.**

ADHD가 있는 사람들은 두려움 때문에 사랑을 억누릅니다. 어리석거나 애정에 굶주려 보이거나, 감상적이거나 멍청이처럼 보이거나, 심지어 세련되지 못하거나 쿨하지 않아 보일까 봐 두려워합니다. 이러한 경향성과 맞서 싸우기 위해서, "두렵다고 삶을 억누르진 마."라고 자신에게 되뇌거나 메모지에 적어 욕실 거울에 붙여 보세요.

여러분의 가장 좋은 부분은 그 어떤 도전에도 도전해 보고 싶을 겁니다. 지원을 받기만 한다면 — 다시금 말하겠습니다. 사람 사이의 연결은 그 무엇보다도 중요합니다 — 여러분은 그 어떤 실망이나 좌절도 해결할 수 있습니다. "사랑하지 않는 것보다 사랑하고 이별하는 편이 낫다"라는 유명한 말도 있습니다. 하지 않은 일을 후회하며 죽음을 맞이하고픈 사람은 없을 겁니다. 자신의 마지막 말이 "만약 …했더라면"이 되는 것을 여러분은 원치 않으실 겁니다.

**명심하세요**

화살을 쏘지 않으면 100% 확률로 빗나가기 마련입니다.

# 모든 사랑에
# 마음을 여세요

**ADHD가 있다면, 여러분은 성장기의 상당 부분을 주변에 벽을 세운 뒤, 그 안에 자신의 진짜 모습을 숨기거나 심지어 봉쇄하는 법을 익히며 보냈을 겁니다. 외부의 비판이나 조롱, 거부를 피하기 위해서요.**

그렇게 시간이 흐르면서, 아마 여러분은 자신에게 잘 어울리는 갑옷을 한 벌 만들어 냈을 겁니다. 그렇지만 이제 그 갑옷이 사람들이 여러분과 친해지는 것을 어렵게 하고 있습니다. 사랑하기 어렵게 하는 것은 말할 필요도 없고요. 게다가 여러분 자신이 누군가를 사랑하고 싶을 때도 걸리적거립니다. 갑옷으로 완전무장한 채로 누군가에게 키스한다고 – 혹은 키스를 받는다고 – 상상해 보세요. 보기 좋은 모양새는 아닐 겁니다.

사랑을 찾으려면 자신의 약한 면을 드러내야 합니다. 갑옷을 벗고 자기 자신을 세상에 드러내야만 합니다. 여러분은 우정과 애정, 열정적 관심사 앞에 자기 자신을 드러내야만 합니다. 말할 필요도 없이, 여러분이 가장 못되게 대하고 가장 사랑하지 않는 듯이 보이는 사람, 바로 여러분 자신에 대한 사랑 앞에도 자신을 드러내야 합니다.

시간을 두고 사랑을 가꿔나가면, 상상할 수 있는 가장 아름다운 정원이 탄생할 수 있습니다. 여러분이 아끼는 사람들과의, 저마다 독특하고 관심을 기울일 가치가 있는 연결 고리로 가득한 정원이 말입니다. 이 연결 고리들은 온갖 종류의 사랑으로 이루어져 있을 수 있습니다. 사람에 대한 사랑, 개에 대한 사랑(제 희망 사항입니다!), 동물, 심지어 동물 인형에 대한 사랑, 자연에 대한 사랑, 사상에 대한 사랑, 여러분을 매혹하는 예술에 대한 사랑, 수학 공식에 대한 사랑, 자전거를 타고, 수리하고, 발명하는 것에 대한 사랑 등등으로요. 무슨 말씀인지 아시겠죠?

사랑을 주고받는 방법은 무한합니다. 여러분의 사랑에 기회를 주셨으면 좋겠습니다.

# 알맞은 동반자 찾기

행복하게 살고 싶다면, 배우자나 연인으로 알맞은 사람을 찾아야 합니다. 우리 ADHD가 있는 사람들에게는 특히나 더 중요한 일입니다. 우리는 중대한 사안에서 잘못된 결정을 내릴 때가 많기 때문입니다.

알맞은 동반자란 여러분이 사랑하는 사람이면서 여러분을 사랑하는 사람입니다. 너무 당연한 얘기죠? 그런데도 동반자로 알맞은 사람을 찾지 않는 사람들이 어찌나 많은지 보면 놀랍기 그지없습니다. 게다가 ADHD가 있는 사람들은 특히나 더 그렇습니다.

ADHD가 있는 사람들에게 흔히 나타나는 부적응 패턴 가운데 하나는 비판하거나, 질책하거나, 통제하거나, 벌하려 들 가능성이 큰 사람에게 빠지는 것입니다. 왜 이런 사람에게 빠지는 걸까요? ADHD가 있는 사람들은 자신들이 잘해나가려면 이런 식으로 대해주는 사람이 있어야만 한다는 생각에 쉽게 도출되기 때문입니다. 게다가 누구도 이들에게 있는 그대로도 사랑스럽다거나, 자신을 뜯어고치거나 통제할 필요가 없다고 말해주지 않았습니다.

ADHD가 있는 사람들에게 흔히 나타나는 또 다른 부적응 패턴 가운데 하나는 삶이 다소 엉망인 사람들에게 빠지는 것입니다. 왜냐고요? 왜냐면 엉망인 삶을 사는 사람들은 자극적인데, ADHD가 있는 사람들은 고강도 자극을 갈망하니까요. 그리고 무엇보다 우리는 타고난 구조자입니다(63쪽 참조). 우리는 누군가를 구할 기회를 즐깁니다.

명백히, 여러분을 있는 그대로 사랑하는 사람, 여러분을 바꾸고 싶어 하지 않는 사람, 안정적이지만 지루하진 않은 사람에게 빠지는 편이 훨씬 낫습니다. 만약 여러분에게 이런 파괴적인 패턴에 빠지는 경향이 있다면, 전문가와 상의하여 이 습관성 패턴에 관해 배우고, 부숴버리세요.

# 관계의 장애물을 해결할 실용적 방법들

우선 한 명 혹은 둘 모두에게 ADHD가 있는 부부들이 일반적으로 어떤 식으로 곤란에 빠지는지 살펴봅시다. 그런 뒤 이런 문제를 해결할 방법에 관한 팁을 드리겠습니다.

**명심하세요**

진정한 연결은 상대방의 현실을 정확히 이해하는 데서 시작됩니다.

## 이해받지 못하는 기분

ADHD가 있는 사람들이 살면서 가장 불만스러워하는 것은 아마도 이해받지 못하는 기분일 겁니다. ADHD가 있는 배우자나 연인은 "당신은 날 이해하지 못해"라며 슬퍼할지도 모릅니다. ADHD와 관련된 사안에서, 이 진술은 대개 사실입니다. 만약 여러분이 전혀 이해받지 못하는 기분을 느낀다면, 여러분의 관계는 불행한 결말을 맞을 수밖에 없습니다.

관계를 되살리려면 두 사람 모두 이 문제를 심각하게 받아들여야만 합니다. 두 사람 모두 상대방에게 자신이 누구인지, 자신의 내적 현실이 어떠한지 분명하게 설명해야만 합니다. 이 설명은 양측 모두가 상대방의 내적 현실을 이해하고, 그것이 자신의 내적 현실과 얼마나 다른지 인식할 수 있을 만큼 명확해야만 합니다.

## 실수들

부부나 연인 중 한 사람이 ADHD를 이해하지 못할 경우, 이 사람은 ADHD가 있는 사람을 탓할 수 있습니다.

그것이 상대방도 어쩔 수 없는 일이라는 사실을 깨닫지 못한 채, 건망증이나 지각, 여타 집행 기능이 제대로 작동하지 않는 경우(72쪽 참조)를 이유로 상대방을 탓하는 식입니다. 한 가지 해결법은 이런 실수가 의도적인 실수가 아니라 무심코 저지른 실수라는 사실을 인식하는 것입니다. 따지고 보면, ADHD는 심리학이 아니라 신경학에 뿌리를 두고 있지 않습니까? 이런 지식을 아는 것은 관계를 되살릴 수 있습니다.

ADHD는 책임을 지지 않아도 되는 구실이 절대 아닙니다. 오히려 책임을 질 수 있게 하는 강력한 설명입니다. 상대방이 의도적으로 실수를 하는 것이 아니라는 사실을 이해하면 ─ 가령 상대가 일부러 늦거나, 일부러 생일을 잊어버리거나, 일부러 할 일을 마치지 않은 것이 아니라는 사실을 깨달으면 ─ ADHD가 없는 사람은 상대의 실수를 사적으로 받아들이지 않을 수 있습니다. 그러면 실수를 더 쉽게 잊고 상대를 더 쉽게 용서할 수 있죠.

**맞습니다. 해결해야 할 근본적인 문제는 여전히 남아 있습니다. 그렇지만 ADHD가 없는 사람이 상대의 실수를 사적으로 받아들이기를 멈출 때, 부부나 연인은 적대자가 아닌 동반자로서 서로 협력하여 문제를 해결하고 창의적인 해결책을 마련할 수 있습니다.**

## 언쟁과 오해

의사소통 관련으로 말의 이면에 있는 의도와 그 영향 사이에 큰 차이가 나는 경우가 많습니다. 특히나 ADHD가 있는 사람들은 선한 의도로 한 말이나 행동이 상대에게 어떤 영향을 줄 수 있는지 간과하기 쉽습니다.

방어적인 태도를 보이며 상대방에게 그런 의도가 아니었으니 화를 내지 말라고 하기보다는, 상대방의 감정이 정당하다는 점을 인식하고 여러분이 말한 의도가 그 영향과 어떻게 달랐는지 설명하는 편이 낫습니다. 상대방은 트집을 잡으려 드는 것이 아닙니다. 의도와 영향을 구분하면 오랫동안 계속될 쓰디쓴 언쟁을 방지하고, 치명적인 오해로부터 관계를 구해낼 수 있습니다.

## 부정직

관계에서 일어나는 또 하나의 흔한 문제입니다. ADHD가 있는 사람들이 곤경에 처했다는 기분이 들 때 보이는 일차적 반응은 공황과 거짓말입니다. 설령 진실이 밝혀질 줄 알더라도 일단 거짓말을 하고 봅니다.

곤경에 처했다면 무성의한 사과나 "그렇게 느끼셨다니 유감입니다" 같은 선심 쓰는 듯한 표현으로 문제를 악화하지 마세요. 불 난 집에 기름을 부을 뿐입니다. 여러분의 배우자나 연인은 공감해 주기를 더 바랄 겁니다. "내가 이렇게 느껴서 유감이라고? 내가 왜 이런 기분인지는 생각 못 해?"라는 식으로요. 대신, 문제가 있음을 인정하고 상대방에게 거짓말하는 습관을 고치려고 노력하겠다고 말하세요. 여러분이 악의적인 이유로 거짓말을 한 게 아니라, 그냥 너무 당황스럽고 다급해서 한 거라고 설명하세요. 이 말이 거짓말한 행동을 정당화할 수 없다는 사실을 잘 알고 있다고 덧붙이면서요. 바라건대, 이것이 상대방이 여러분을 너무 부정적으로 바라보지는 않게 해주었으면 좋겠습니다.

## 비난하기, 그리고 맞는 말 한 사람 되기

ADHD가 있는 사람들에게는 문제의 원인을 자신 외부에서 찾고 탓하는 끔찍한 경향성이 있습니다. (문에 발가락을 찧었을 때 우리는 문을 탓합니다!) "미안해. 그렇지만…" 여러분이 자주 쓰는 말 아닌가요? 여러분을 죽이는 게 바로 이 "그렇지만…"입니다. 여러분 잘못입니다. 그냥 받아들이세요.

또 다른 중요한 사실은 맞는 말을 한 사람이 되는 것이 관계에서 그다지 중요하지 않다는 점입니다. 목표는 두 사람이 잘 지내는 것이지 잘잘못을 가리는 것이 아닙니다. 이 둘은 흔히 상호 배타적입니다. 설령 그렇게 생각하지 않더라도 "내가 잘못했어"라고 말하는 편이 맞는 말을 한 사람이 되고 머지않은 미래에 상대방을 잃는 편보다 낫습니다.

## 듣지 않기

"고개 끄덕이지 마. 내 말 안 듣고 있는 거 다 알아." 이것은 제가 ADHD식 끄덕임이라 부르는 현상입니다. 우리는 상대를 무시하고자 할 때 고개를 끄덕입니다. 우리를 잘 모르는 사람이라면 속아 넘어갈 수도 있습니다. 그렇지만 우리 배우자나 연인은요? 이들은 우리가 무시하고 있음을 곧바로 눈치챕니다.

들켜버렸나요? 그러면 부정하지 마세요. 그냥 "미안해, 한 번만 더 이야기해 줄래?"라고 말하세요. 그리고 상대방이 "또 말로만 미안하다고 하지 마. 당신이 이러는 거 지긋지긋해"라고 말하더라도 방어적인 태도를 보이지 마세요. 대신, 상대의 반응이 정당함을 인정하세요. "맞아, 나도 알아. ADHD 때문에 나도 골치가 아파. 내 정신이 자꾸 다른 데로 쏠려서 나도 내 자신에게 짜증이 나. 내 정신을 통제해 보려고 하는데, 제멋대로라서 잘 안 돼." 그냥 이렇게 말해보세요.

# 위험 감수하기

저는 여러분이 엄청난 위험으로 느껴질 일을 – 사실 전혀 위험하지 않습니다 – 해주시길 바랍니다. 그것은 바로 여러분 자신을 사랑과 온갖 형태의 관계 앞에 드러내는 것입니다. 그래야만 이 책이 여러분을 도울 수 있기 때문입니다. 사람 사이의 연결이야말로 삶에서 중요한 모든 것의 토대입니다. 연결의 정원을 가꿔 삶을 꽃피우시길 바랍니다.

사랑을 주고받을 수만 있다면, 다른 모든 것은 따라오기 마련입니다.

진정한 위험은 바로 아무것도 하지 않는 것입니다.

Chapter 10

# 창의성

ADHD가 품고 있는 재능을 계발하는 가장 중요한 단계는 바로 창의성을 해방하는 단계입니다. 그렇지 않으면, 여러분은 마치 무엇을 찾는지 모른 채 무언가를 찾는 듯한 막연한 갈망감과 뭐라고 딱 집어서 말할 수 없는 불만감을 계속해서 느끼게 될 것입니다. 여러분은 그것이 무엇인지 이해할 수 없지만, 그 느낌은 사라지지 않습니다. 저는 이 것을 "근질거림"이라 부릅니다.

ADHD가 있는 사람들이 잘 살려면, 무언가를 만들어야만 합니다. 너무나도 중요한 문제이기에 저는 이것을 ADHD와 함께 좋은 삶을 사는 기본 법칙으로 여기게 되었습니다. ADHD가 있는 사람들이 최고의 삶을 살려면 창의성을 주기적으로 발휘해야만 합니다. 창의력 발휘의 중요성이 언급되는 경우는 거의 없지만, 강조되어야 마땅합니다. 왜냐하면 주기적인 창의력 발휘는 지속적인 사랑이라는 예외를 제외하면, 다른 그 어떤 것도 비할 수 없는 위력을 지니고 있기 때문입니다.

# "근질거림"

ADHD가 있는 사람들은 제가 "근질거림"이라고 부르는 고유한 특성을 타고납니다. 비록 DSM에 근질거림에 관한 논의가 실려 있지는 않지만, 여러분에게 ADHD가 있다면 근질거림이 존재한다는 사실을 아마 알고 계실 겁니다.

근질거림은 타고나는 특성입니다. 일반적인 가려움과 마찬가지로, 근질거림이란 하루빨리 없애버리고 싶은 짜증 나고 불쾌한 느낌입니다. 그렇지만 시원하게 긁으면 완화되는 일반적인 가려움과는 달리, 근질거림은 오직 행동을 통해서만 가라앉힐 수 있습니다. ADHD에서 좋은 결과가 나타날지 나쁜 결과가 나타날지 가르는 주요 요인은 바로 근질거림을 긁기 위해 어떤 방법을 쓰느냐입니다.

제가 근질거림이라 부르는 것을, 사람들은 여러 가지 상황에서 여러 가지 이름으로 인식합니다. 가령 창의적인 사람들은 근질거림을 자신 바깥에 있는 것으로 여기며 "뮤즈"나 "영감"이라 부릅니다. 저는 근질거림, 이 짜증 나고 불만족스러운 근원적인 느낌이 ADHD가 있는 사람들의 창의력을 끌어낸다고 믿습니다.

**굴 속에 든 모래 알갱이가 진주를 낳듯, 근질거림은 아름다움을 낳을 수 있는 불편감입니다. 그렇지만 근질거림은 우리 ADHD가 있는 사람들을 수많은 문제에 빠뜨리기도 합니다.**

# 근질거림의 위험성

창의성과 독창성을 발휘하는 가장 위대한 순간을 끌어낼 수 있는 근질거림이 우리를 죽일 수도 있다는 사실은 커다란 아이러니입니다. 근질거림은 일반적으로 우리가 무언가를 만들거나 창작하게 하여 더 나은 삶을 살게 합니다. 그렇지만 가벼운 성관계나 도박 같은 특정한 행위나, 알코올이나 약물 같은 특정한 물질로 우리가 내적 현실을 바꾸게끔 유혹하기도 합니다. 8장 중독에서 지적했다시피,

ADHD가 있는 사람들은 그렇지 않은 사람들보다 이런 덫에 훨씬 더 흔히 걸려듭니다. 왜냐하면 설령 진짜로 나쁜 일이라 한들, 근질거림을 긁기 위해서 무엇이든 할 준비가 되어 있기 때문입니다.

근질거림의 부정적인 측면과 맞서 싸우기 위해서, 저는 4장 최선의 삶을 위한 기본 계획에서 언급한 10단계 계획을 시도할 것을 권합니다.

# 내면의 창의성
# 인식하기

**창의성이 뭘까요? 결국 충동성이 긍정적으로 발휘된 것이 아닐까요? 그리고 충동성이란 우리 ADHD가 있는 사람들에겐 차고 넘치는 것입니다. DSM에 따르면 충동성은 ADHD의 세 가지 증상 가운데 하나니까요.**

사람들은 보통 충동성을 재능보다는 골칫거리로 여깁니다. 사람들은 자기 통제를 멈출 때 새로운 것을 향한 문이 열린다는 사실을, 그리고 충동성이 훼방을 놓을 때 자기 통제가 멈춘다는 사실을 인식하지 못합니다.

독창적 아이디어는 불시에 찾아옵니다. 독창성은 마치 무의식이 의식을 기습 공격하기라도 하는 듯 불시에 나타납니다. 이것이 바로 제가 1장 ADHD가 무엇인가요?에서 우리 ADHD 뇌는 페라리 엔진을 갖추고 있으나 자전거 브레이크만 달려 있으므로 브레이크를 강화하긴 해야 하긴 하지만, 창의적인 충동성의 순간들까지 가로막을 정도로 강화해선 안 된다고 말한 이유입니다.

## 명심하세요

저는 11학년 때 수학 선생님께 창의성의 훌륭한 정의를 배웠습니다. "창의성을 발휘하렴," 선생님은 말씀하셨습니다. 전에 본 적 없던 수학 문제를 풀려던 학생들에게 해주신 조언이었습니다. 이때 선생님은 제가 58년이 지난 지금까지도 기억나는 말을 덧붙였습니다. "창의성이란 경험을 새로운 형태로 재조합하는 거란다."

그리고 여기 작가로서의 경험을 바탕으로 제가 내린 정의가 있습니다.

**창의성이란 무의식을 여과하지 않은 채로 의식으로 보내는 능력입니다.**

# 창의적 과정

**저는 8장(134쪽 참조)에서 짧은 즐거움의 순간, 즉 핑의 순간에 노래를 부르라고 권했습니다. 제가 그런 말을 했던 이유는, 이것이 제가 제 무의식이 글에 다가가도록 허용한 예시이기 때문입니다.**

이 책을 계획하던 단계에서 "핑"이라는 단어는 어디에도 없었고, 이전에 이 단어를 써 본 적도 없었습니다. 그런데 글을 쓰던 도중, 이 뜻밖의 단어가 갑자기 떠올랐습니다. 이 단어가 "핑의 순간에는 노래를 불러!"라는 문장의 형태로 제게 도착했던 것입니다. 즉 이것은 무의식적 행위였습니다.

우리 ADHD가 있는 사람들에게 창의성은 가장 귀중한 선물입니다. 물론 다른 사람들도 창의적이기는 합니다만, 우리에겐 창의성이 곧 삶의 방식입니다. 우리 마음은 언제나 창의적입니다. 어떨 때는 그만 좀 창의적이었으면 좋겠다고 바랄 정도입니다. 아이러니하게도 우리는 이 가장 잘하는 일을 필요에 따라 할 수도 없고, 그 일을 어떻게 하는지 남들에게 설명할 수도 없습니다. 우리는 그저 그 일을 할 뿐입니다.

우리 ADHD가 있는 사람들 대다수는 도저히 하지 않을 수가 없기에 창의성을 발휘합니다. 창의성은 ADHD를 정의하는 특징이자 가장 귀중하고 눈에 띄는 특징이지만, 때로는 저주처럼 느껴질 때가 있습니다. DMN(기본상태신경망, 112쪽 참조)의 손아귀에 붙잡히거나, 근질거림이 길을 잃게 할 때, 우리는 자신을 고문하고, 관점을 잃어버리고, 홀로 파멸과 암울의 어두컴컴한 숲을 헤매게 됩니다. 바로 그렇기에 DMN을 통제하거나 근질거림을 달래는 방법을 배우는 것이 중요합니다. 그래야 여러분이 창의력을 발휘하는 일을 완전히 포기하거나, 마음을 무감각하게 만드는 쪽으로 방향을 틀지 않도록 방지할 수 있습니다.

핑의 순간에 노래를 부르려면, 창의력을 발휘하고 평생에 걸쳐 계발하려면, 여러분이 알지 못하는 것이 얼마나 많은지 깨닫고, 여러분이 무의식에 얼마나 많이 의존하고 있는지 받아들이는 것이 좋습니다. 여러분에게 ADHD가 있다면, 더욱더 그렇습니다.

# 무의식 믿기

**창의성의 비결이 뭘까요? 100사람에게 물으면 100가지 답이 나올 겁니다. 여기 제가 101번째 답을 드리겠습니다. 창의성의 비결이란, 바로 무의식을 믿는 것입니다.**

무의식을 믿는다는 것은 무의식 앞에 마음을 열고, 새로운 무언가를 도저히 받아들일 수 없다거나 너무 "이상하다"라는 이유로 거부하지 않는 것을 뜻합니다. 명심하세요. 수많은 새로운 아이디어들이 처음에는 우스꽝스러워 보였다는 사실을요. 여러분의 무의식이 제시하는 아이디어를 보지도 않고 단박에 거절하지 마세요.

무의식을 믿는다는 것은 또한 통제를 멈춘다는 뜻이기도 합니다. ADHD가 있는 사람들은 통제를 생명줄로 여깁니다. 통제의 끈을 놓치면 일상의 세세한 부분에 빠져 죽을까 봐 두려워하기 때문입니다. 사실 완전히 새로운 세상, 즉 여러분의 무의식이 창조한, 독창성과 비전의 세상에 들어가는 방법은 통제를 내려놓거나 '부정성 수용력[7]'을 개발하는 것일 때가 많습니다. 통제의 쇠사슬로 자신을 구속하지 않음으로써, 여러분은 무의식이 가구를 들여놓고 장식한 상상력의 특별실에 들어갈 수 있습니다. 이 특별실에서 여러분은 독특한 보물들을 찾아낼 수 있을 겁니다. 여러분에게 그렇게 할 수 있는 자유를 주기만 한다면요.

------------------------------

[7] 낭만주의 시인 존 키츠가 제시한 용어로, 불확실성이나 의심, 모호성 같은 부정적인 것들을 해결하려 들지 않고 그저 수용하는 개인의 능력을 말합니다. 역자에 따라 부정적 능력, 부정적 수용력, 소극적 능력, 비우는 능력 등 다양하게 번역됩니다. - 옮긴이

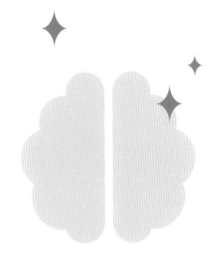

# 제가 창의적이지 않다면 어떡하죠?

이런 게 걱정되신다면, 제가 보일 첫 번째 반응은 이렇습니다. ADHD가 있는 사람은 거의 모두 걱정꾼입니다. 여러분이 얼마나 창의적인지 증거가 필요하다면, 여러분이 하는 걱정을 한번 살펴보세요. 그 모든 걱정을 떠올리려면 엄청나게 창의적이어야만 합니다. 어디 그뿐인가요. 여러분이 하는 걱정 가운데 많은 수가 상상을 초월하는 걱정인 것을 보면, '말도 안 돼'라는 불신감을 멈춰 세우는 데도 능숙할 것이 틀림없습니다.

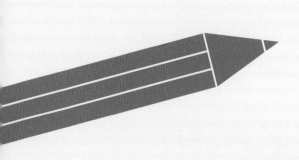

**여러분이 창의적이라는 말을 믿지 못하겠다면, 아래에 있는
연습법 가운데 하나를 시도해 보시길 바랍니다.**

~ **자동적(무의식적) 글쓰기:** 종이를 꺼내거나 노트북을 켜고 아무 단어나 막 써보세요. 아무 단어나요. 멈추지 마세요. 의식은 필요하지 않습니다. 철자는 엿이나 먹으라 하시고요. 그냥 딱 3분만 계속 써보세요. 결과물이 이상하고 말이 안 되는 것처럼 보일지도 모르지만, 끝까지 확인해 보세요. 아마도 여러분의 무의식이 여러분이 발전시키고 싶어 할 만한 아이디어나 이미지, 프로젝트를 드러냈을 것입니다. 자동 글쓰기를 몇 번 해보면, 여러분이 여러분 생각보다 더 창의적이라는 사실을 금세 깨달을 수 있을 겁니다.

~ **피아노 앞에 앉아서 작곡하기:** 이 연습법에는 아무런 음악 훈련도 필요하지 않습니다. 그냥 손가락이 마음대로 건반을 누르게 하세요. 몇 번만 시도해 보면, 간단한 멜로디가 작곡될 것입니다. 여러분 안에서 있는지조차 몰랐던 음악을 찾을 수 있을 겁니다.

~ **무언가 그리기:** 그냥 연필이나 펜, 목탄 연필을 종이에 댄 뒤 여러분의 무의식이 마음대로 하게 내버려 두세요. 우리는 대개 (적절히 행동하고, 예절을 지키고, 정리정돈을 잘하게끔) 자기 통제에 세심한 주의를 기울이는데, 이것은 우리 안의 창작자를 억압하는 행위입니다. ADHD가 있는 사람을 완전히 끝장내는 행위입니다. 누구에게도 좋지 않은 행위지만, 특히 우리 ADHD가 있는 사람들에게는 상상력을 무효화하는 행동입니다. 그러니 자기 통제를 내려놓고 그냥 그리세요.

~ **꿈 일기 쓰기:** 여러분이 창의적이라는 증거를 원하십니까? 여러분이 꾸는 꿈만 봐도 충분합니다. 여러분이 꿈을 떠올릴 수 있다고 가정하겠습니다. 펜과 일기를 침대 옆에 두고 일어나자마자 간밤에 꾼 꿈의 내용을 간략히 적으세요. 사실 무의식에 의식적 주의를 기울이기만 해도 무의식을 활성화할 수 있습니다.

~ **꽃꽂이하기:** 지역 꽃 시장이나 꽃집, 여타 신선한 꽃을 파는 가게에 가서 꽃을 몇 단 사세요. 그리고 집에 와서 직접 꽃꽂이를 해보세요.

~ **사진 찍기:** 사진을 찍으며 오후 시간을 보내보세요. 기억하고 싶은 사람과 장소의 모습을 찍는 대신, 창의적인 가치를 위해서 촬영해 보세요. 카메라를 든 예술가가 되어 보세요.

~ **리뷰 쓰기:** 영화나 연극, 운동 경기를 관람하고, 독자들이 흥미로워할 법한 리뷰를 써보세요.

~ **새로운 음식 요리하기:** 주방에 가서 1시간 동안 한 번도 요리해 본 적 없는 요리를 여러분의 손으로 해보세요. 당장 있는 재료만 가지고요. 명심하세요. 요리의 목적은 채점을 받거나 고득점을 받는 것이 아니라, 순전히 이 훈련법이 여러분 안의 잠자는 요리사를 깨우는지 확인하는 것입니다.

~ **공상하기:** 호젓한 곳에서 편안한 의자에 앉아 아무 공상이나 해보세요. 이것은 잡념에서 벗어나기 위한 명상이 아니라 적극적인 공상입니다. 주제를 정하거나 앞뒤 가리지 않고 시도하여, 여러분의 정신이 어떻게 이리저리 돌아다니는지 살펴보세요. 여러분의 정신이 무언가에 사로잡힌다면, 가령 꿈에 그리던 집을 상상하거나, 쓰고 싶은 소설의 줄거리를 떠올린다면, 그것을 놓치지 않도록 노력하세요. 이것이 창작 과정의 핵심입니다. 지속력은 창의적인 사람들이 키워야 할 근육 가운데 하나입니다.

# 창의력 분출구 찾기

여러분은 상상력을 실제로 황용하는 활동을 찾고 개발해야 합니다. 그런 활동을 주기적으로 하면 – 가능하다면 매일 – 여러분이 깜짝 놀랄 만한 결과가 있으리라 확신합니다.

**명심하세요. 작심삼일이 되어서는 안 됩니다. 좋은 소식은 올바른 분출구를 찾아냈다면 여러분이 그 활동에 흠뻑 빠지리라는 것입니다.**

여러분의 상상력이 마음껏 뛰놀 수 있는 것이라면, 무엇이든 창의력의 분출구가 될 수 있습니다. 요리를 하든, 사업을 시작하든, 음악을 작곡하든, 춤을 추든, 마당 한 편에 창고를 짓든, 소네트[8]를 몇 편 쓰든 상관없습니다. 이것은 일부 예시에 불과합니다. 그것이 무엇이든 여러분과 잘 맞는다는 생각이 드는 수단을 써서 창작해 보세요. 분출구로 무엇을 골랐느냐는 중요하지 않습니다. 중요한 것은 분출구를 찾아내고, 개발하는 것입니다.

--------------------------
[8] 14행시 형식의 정형시 - 옮긴이

근질거림을 달랠 수 있으려면, 창의력 분출구는 두 가지 조건을 만족해야 합니다.

~ 충분히 어려워야 합니다. 그렇지 않으면 여러분은 지루해할 것이고, ADHD가 있는 사람들은 지루함을 견디지 못하니까요.

~ 여러분이 흥겨워할 정도로 재미있어야 합니다. 달리 말하자면, 여러분과 "잘 맞는" 활동이어야만 합니다.

저는 이 두 요구 조건이 만나면 제가 "적절한 어려움"이라고 부르는 것이 됩니다.

적절한 어려움을 찾는 것은, 거의 알맞은 사람과 사랑에 빠지는 것만큼이나 중요합니다. 거의 맞먹을 정도죠. 적절한 어려움을 찾아내는 것은 중대한 일입니다. 한번 적절한 어려움을 알아내면, 그 일을 하고, 그것을 활용하고, 욕하고, 사랑하고, 미워하고, 평생 그 마법에 걸린 채로 살아갈 수 있으니까요.

# 자부심 품기

"적절한 어려움"을 추구함으로써 창의력을 기르는 것은, 여러분의 ADHD를 최선의 형태의 ADHD로 만들어 줍니다. 그리고 그것이 바로 여러분이 바라는 목표죠. 여러분은 인생이라는 게임에서 남들의 모습을 구경만 하고 싶지 않을 겁니다. 여러분이 하는 일에 몰입하면서 제대로 놀고 싶겠죠. 그렇게 될 겁니다. 창의력을 인식하고 정의하고 활용하고 개발하는 제 게임 계획을 받아들이세요. 그리고 ADHD 세계에서 다 함께 일어나 노래하라는 제 요청을 들어주세요. 여러분이 누구인지에 기뻐하세요. 여러분이 대표하는 모든 것에 기뻐하세요. 여러분과 형제자매들이 이 세상에 가져다줄 모든 것에 기뻐하세요.

# Chapter 11

# 커리어

사회학자이자 칼럼니스트인 아서 C. 브룩스는 <디 애틀랜틱>에서 "직업에서 중요한 건 '무엇'이 아니라 '누구'와 '왜'입니다. 직업적 만족이란 사람, 가치, 성취감에서 비롯됩니다"라고 말했습니다. 이 말은 ADHD가 있는 사람들에게 특히 더 중요합니다. 우리는 지도자보다는 사명에 이끌리는 경향이 있기 때문입니다.

자신을 자신보다 더 큰 무언가의 일부로 느끼면 느낄수록 – 일하는 회사의 가치와 목적과 연결되어 있다고 느끼면 느낄수록 – 우리의 만족감은 커질 것이며, 그러면 더 열심히, 더 창의적으로 일할 수는 동기를 얻고 의욕을 유지할 수 있습니다.

그러나 직업적 만족은 오롯이 외부 요인에 달린 것이 아닙니다. 각각 따로 입양되어 떨어져서 자랐지만, 유전적으로는 동일한 일란성 쌍둥이를 대상으로 한, 본성 대 양육의 효과를 분석한 연구는 직업 만족도의 30%만이 유전적 요인에 달려 있다고 보았습니다.

# 아무 직업이 아니라, 알맞은 직업

알맞은 직업을 찾는 과정에서 ADHD가 있는 사람들이 저지르는 가장 큰 실수는 자신들이 잘 못 하는 일을 잘하기 위해서 너무 많은 시간을 쓴다는 것입니다. ADHD가 있는 사람들은 경로를 완전히 잘못된 방향으로 단호하게 설정함으로써, 자신들의 주요 장점 가운데 하나인 단호함을 약점으로 만듭니다. 자존감에 난 구멍을 채우려는 용감한 시도로서, 실패할 수밖에 없는 일을 떠맡는 것입니다. 이런 식으로, 자신에게 맞지 않는 일을 잘하려고 시도하면서 – 때로는 심지어 몇 년씩 – 시간을 허비하고, 벽돌 벽에 머리를 박곤 합니다.

1969년 여름, 저는 백과사전 방문 판매 일을 하면서 못하는 일을 잘하기 위해서 너무 시간을 들이지 말라는 지혜를 체득했습니다. 저는 백과사전 판매를 못 한 정도가 아니라, 기념비적으로 끔찍한 판매원이었습니다. 남들이 할 수 있는 일을 왜 저는 하지 못하는지 이해할 수 없었습니다. 6주가 지났음에도, 저는 단 한 번도 백과사전을 팔지 못했습니다. 이 시점에서 저는 ADHD가 있는 사람들 대다수가 경력 초기에 마주하는 결정과 마주했습니다. 그것은 계속 노력할 것이냐, 그만둘 것이냐였습니다. 저는 어떻게든 일을 계속하고 싶었지만, 어떻게든 매출을 올리고 싶었지만, 그런 일이 절대 일어나지 않으리라는 것을 알았습니다. 그래서 그만뒀죠.

제 조언은 아무 직업이나 찾지 말고 알맞은 직업을 찾으라는 것입니다. 잘 맞는 일을 찾으세요. 잘 못하는 일을 잘하려고 노력하면서 몇 년씩 시간을 허비하지 마세요. 알맞은 직업은 여러분이 정말로 잘하는 일과 정말로 좋아하는 일이라는 두 집합이 겹치는 영역에 있습니다. 이 영역이 바로 여러분이 가능한 한 많은 시간을 보내야 하는 곳이자, 이상적인 커리어를 찾아야 하는 곳입니다.

## 커리어

여러분이 정말 좋아하는 일들

여러분이 정말 잘하는 일들

# 알맞은 직업을 찾는 네 가지 단계

아서 C. 브룩스는 <디 애틀랜틱>에 기고한 칼럼 "삶을 일 구는 법"에서 의미와 행복에 관한 문제를 다루면서, 이상 적인 직업에 필수적인 네 가지 요소를 제시했습니다.

**1** **일 그 자체가 보상이어야만 한다.** 제 언어로 표현하자면, 이 말은 일이 곧 놀이여야 한다는 말과 같 습니다.

**2** **흥미가 재미보다 낫다.** 이 말은 ADHD가 있는 사람들의 주된 욕 구가 자극을 받고 참여하는 것이 라는 사실과 잘 들어맞습니다.

**3** **최고의 커리어 패스(경력 경로)가 일직선인 경우는 드물다.** ADHD 가 있는 사람들에겐 특히 그렇습 니다. 실제로 우리는 빙 돌아가는 경로를 그리니까요.

**4** **그 일에 대한 열정이 강박적인 것 이 아니라 조화로운 것이어야 한 다.** 제가 말하는 "적절한 어려움 (176쪽 참조)"을 찾는 것과 통하는 말입니다.

# 놀이의 중요성

저는 ADHD가 있는 사람들에게 사실상 놀이와 마찬가지인 일을 찾으라고 권합니다.

아마 여러분은 제가 말한 "놀이"의 의미를 안다고 생각하시겠지만, 실제로는 아닐 거라고 확신합니다. 저는 여러분에게 바람 따라 구름 따라 떠도는 자유로운 영혼이 되라는 말을 하는 것이 아닙니다. 어린아이들이 학교 쉬는 시간에 하는 놀이를 하면서 평생을 보내라고 조언하는 것이 아닙니다(비록 그런 놀이 시간이 놀라울 정도로 유익하긴 하지만 말입니다 ). 전혀 아니죠. 제가 여러분에게 바라는 바는 어린 시절의 모습을 떠올리고, 당시 완성했던 가장 중요한 기술인 "노는 기술"을 되찾는 것입니다.

**제가 정의하는 "놀이"란 여러분의 상상력에 불을 붙이는, 창의적으로 참여할 수 있는 활동입니다.**

놀이의 반대는 지시받은 그대로 일하는 것입니다. 세상에는 시키는 대로만 하는 사람들이 더는 필요하지 않습니다. 지금 세상에 그 어느 때보다도 필요한 사람은 뇌의 고유한 기능을 활용하여 생각하고, 혁신하고, 창조하고, 구상하고, 꿈꾸는 사람입니다.

# 놀고 싶어 하는
# 마음을 죽이지 마세요

저는 20년 전에 상위권 대학교 화학과에서 상담 일을 하면서 업무 관련으로 상상력이 중요하다는 사실을 배웠습니다. 이 화학과는 매년 전 세계에서 가장 뛰어난 대학원생과 박사후연구원들을 받아들였는데, 매년 가을이 되면 이 학생들은 "실험실로 가 새로운 지식을 발견하라"는 지시를 받았습니다. 그러면 학생들은 두 부류로 나뉘었죠.

~ 한 부류는 얼어붙었습니다. 이들은 밤낮으로 공부하고 어떤 업무든 기꺼이 해내는 학생들이었지만, 자기 손으로 답을 알아내고 싶은 질문을 스스로 만들진 못했습니다.

~ 다른 부류는 실험실로 전력 질주한 뒤 화학과의 자원을 총동원하여 수년 동안 궁금해하던 질문의 답을 찾고자 안달이 나 있었습니다.

첫 번째 학생들은 학교에서 열심히 공부하고 지시받은 바를 정확히 수행하긴 했지만, 노는 능력이 위축된 상태였습니다. 두 번째 학생들은 노는 능력을 잃어버리지 않았으며, 그렇기에 자신들의 상상력을 전력으로 발휘할 준비가 되어있었습니다.

# 두려워하지 말고 진짜 자기 자신이 되세요

10장 창의성에서 배웠다시피, 상상력은 ADHD가 있는 사람들의 가장 큰 자산이지만, DMN(기본 상태 신경망)을 통제하는 방법을 배우지 못하면 최악의 적이 될 수도 있습니다. 그렇지만 DMN을 통제하는 법을 배우기만 하면, 우리는 놀고, 발명하고, 창조하고, 발견한 준비를 완벽하게 한 셈입니다.

어쩌면 여러분은 자신의 상상력을 특별한 재능으로 여기지 않을지도 모릅니다. 자신의 상상력을 당연한 것으로 여겼을지도 모릅니다. 상상력이 없었던 적이 없으니까요. 그렇지만 주변을 둘러보세요.

새로운 아이디어를 떠올려 본 적이 단 한 번도 없는 사람들, 여러분이 새로운 아이디어를 내놓으면 눈을 부릅뜨고 노려보는 사람들, 여러분의 새로운 아이디어를 두려워하고 심지어 공격하는 사람들이 어찌나 많은지 한번 보세요. 여러분이 남들과 얼마나 – 좋은 쪽으로 – 다른지 알 필요가 있습니다. 그래야만 상상력이 부족한 그 모든 사람을 성공적으로 상대할 수 있으니까요.

**여러분이 어떤 직업을 고르든, 매일 가능한 한 많이 놀도록 하세요. 놀 때, 여러분은 최고의 상태가 됩니다. 놀 때, 여러분은 여러분에게 가장 중요한 일을 합니다.**

### 명심하세요

이상적인 직업이란 하면 돈을 받는, 놀이의 형태를 취한 일입니다.

# Chapter 12

# 건강과
# 웰빙

**"지금 말고, 나중에요."** ADHD가 있는 사람들 다수가 누군가 운동을 하자고 하거나, 생활 방식을 바꿔야 한다고 하거나, 해야 하는 일인데 하지 않고 있음을 상기할 때 보이는 반응입니다.

우리 ADHD가 있는 사람들은 최소한의 자기 관리조차 제대로 하지 않기로 악명이 자자합니다. 자기 관리는 지루하기 마련이니까요. 정확히 같은 이유로 우리는 고지서 납부나 세탁 같은 기본적인 집안일도 소홀히 하는 경우가 많습니다. 지루함은 우리의 크립토나이트(약점)입니다.

12장에서 저는 여러분에게 건강에 힘쓰라고 촉구하고, 건강이 왜 중요한지 설명할 것입니다. 그렇지만 죄책감을 이용하여 동기를 부여하는 짓은 절대 하지 않을 것입니다. 대신, 저는 각자의 속도에 맞게 진행할 수 있는, 죄책감에 기대지 않으면서도 열정적 참여를 끌어내도록 설계한 운동 프로그램을 추천합니다.

# 건강이 중요한 이유

건강한 생활 방식이 필요한 이유는 탄탄한 과학에 기반을 두고 있습니다. 세계보건기구(WHO)에 따르면, 전체 사망의 61%가 생활 습관으로 인한, 방지할 수 있는, 만성 질환들로 인한 것이라 합니다. 이런 만성 질환에는 심장병, 성인 발병 당뇨병(제2형 당뇨병), 비만, 뇌졸중, 대사증후군, COPD(만성 폐쇄성 폐 질환), 여러 암 등이 있습니다. 방지할 수 있는 죽음의 주요 원인 두 가지는 흡연과 비만인데, 이 질환은 건강하지 못한 생활 방식에 뿌리를 두고 있습니다.

누구나 건강하지 못한 생활 방식이 수명에 영향을 미친다는 사실을 알고 있지만, 많은 사람들이 "그런 일은 내게 일어나지 않을 거야"라는 태도로 지금 당장에 집중하는 편을 택합니다. 그렇지만 그런 일은 정말로 우리에게 일어나기 마련입니다. 지금 당장 조치한다면 훨씬 더 오래 살 가능성이 커집니다. 아직 늦지 않았습니다. 그렇지만 계속 미룰 수만은 없습니다.

**만약 사람들이 모두 생활 방식을 딱 네 가지만 조정한다면, WHO가 제시한 우려스러운 수치가 극적으로 변할 겁니다. 그러면 이 네 가지는 무엇일까요?**

### 명심하세요

ADHD가 있는 사람들은 상습적으로 일을 미루곤 합니다. 여러분의 건강을 증진해 주고 어쩌면 수명까지 늘려줄 생활 방식의 변화를 미루지 마세요. 지금 당장 실시하세요.

**1** 체중을 이상적인 체중에 최대한 맞추세요.

**2** 건강한 식생활을 하세요.

**3** 규칙적으로 운동하세요.

**4** 담배를 피우지 마세요.

불행히도 우리 ADHD가 있는 사람들 가운데 다수가 이 간단한 규칙들을 무시하곤 합니다. 신경 쓰지 않아서가 아닙니다. 우리는 실제로 신경을 씁니다. 문제는 건강한 생활 방식에는 계획과 일관성, 결의, 즐거움 미루기, 지루한 세부 사항에 신경 쓰기, 매일의 실천 등등이 필요한데, 우리 ADHD가 있는 사람들 가운데 이런 일을 잘하는 사람은 아무도 없다는 것입니다.

**조기 사망의 61%는 예방할 수 있는, 생활습관병과 관련되어 있습니다.**

# 변화는 여러분의 태도에서 비롯됩니다

사람들이 생활 방식을 바꾸기를 힘겨워하는 주된 이유는 바로 자신들의 부정적인 태도입니다. 이런 변명들이 눈에 익으신가요?

"제가 자제력이 부족해서요."

"어쩔 수 없어요."

"시도해 봤지만 매번 실패했어요."

내면의 부정적 목소리가 여러분을 방해하게 두지 마세요. 왜냐고요? 왜냐하면 이번에는 성공할 테니까요. 네. 성공이라고 말했습니다. 여러분이 성공하지 못할 이유 따위는 없습니다. 여러분이 시도조차 하지 않는 것만 빼면요. 속임수처럼 들릴지도 모르겠지만, 다음은 증명된 사실입니다.

**스스로 해낼 수 있다고 믿든, 할 수 없다고 믿든, 여러분이 옳습니다**

인위적이고 작위적인 말처럼 들리겠지만, 만약 여러분이 오늘부터 "난 못 해"가 아니라 "난 할 수 있어"라는 태도로 삶에 임한다면, "난 할 수 있어"에 마법이 깃들어 있음을 알게 되실 겁니다. 이 말을 마음속 깊이 믿을 필요는 없습니다. 만약 처음부터 "당연하지. 난 할 수 있어"라고 말한다면 여러분은 아마 정직하지 못한 사람일 겁니다. 처음에 의구심을 품는 것은 당연합니다. 그렇지만 의구심을 앞장세우진 마세요. 뭐라도 좋으니 긍정적인 것들을 불러일으켜 앞장세우세요. 설령 새빨간 거짓말이라고 생각하더라도, **어떤 말을 큰소리로 외쳐보세요. 그 말이 실현되는 데 도움을 줄 겁니다. 한번 시험해 보세요. 그리고 두고 보세요.**

그러려면 진정으로 여러분에게서 우러나온 말, 즉 표어가 필요합니다. 여기 시작하는 데 도움을 줄 몇 가지 예시가 있습니다.

"저리 가,
이 부정적인 목소리야.
너랑은 끝이야."

"오늘 난
성공하고야
말 거야."

"다시는 두려움
때문에 삶을
억누르지 않을 거야."

"안녕, 내 자신. 그거 알아?
난 너를 정말 좋아해!"

"그거 알아?
난 정말
좋은 사람이야!"

매일매일, 가능한 한 자주, 여러분의 표어를 큰 소리로 외쳐보세요. "조심해라 세상아, 내가 간다!"라고 말하면서 숨어 있던 곳에서 뛰쳐나오세요. 정말입니다. 수많은 사람들에게 먹힌 방법입니다. 여러분이 기회를 주기만 한다면, 분명 여러분에게도 먹힐 겁니다.

부정적인 목소리를 잠재우고 "난 할 수 있어"의 편에 섰다면, 이제 건강하게 살 준비는 끝난 셈입니다. 왜냐고요? 여러분이 건강하게 살고 싶어 하니까요. 간단한 이치죠.

# 건강에 도움이 되는
# 생활 습관

더 건강한 생활 방식을 만들기 위한 네 가지 핵심 요소가
있습니다. 신체적·정신적 건강을 최대한으로 끌어올릴 수
있는, 즉시 손쉽게 조정할 수 있는 요소들입니다.

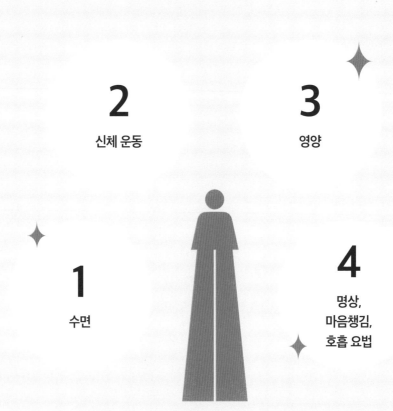

**2**

신체 운동

**3**

영양

**1**

수면

**4**

명상,
마음챙김,
호흡 요법

**저는 이 네 요소를 "네 멋쟁이"라고 부릅니다.**

사실 좋은 삶에 필요한 5번째 성분이 있습니다. 바로 사랑입니다. 건강하고 행복하게 살려면, 사랑이 대단히 중요합니다. 단순히 낭만적 사랑만을 말하는 게 아닙니다. 삶의 긍정적인 연결 고리들을 통틀어 말하는 것입니다. 긍정과 사랑의 마음 상태로 시간을 보내면 보낼수록, 여러분은 더 건강하고 더 행복해질 것입니다. 그렇지만 이미 9장 전체를 연결에 할애했으므로, 여기서는 네 멋쟁이에 집중하겠습니다.

## 명심하세요

신체적 건강과 정신적 건강은 밀접한 관계를 맺고 있습니다. 하나 없이 다른 하나를 얻기란 거의 불가능합니다. 실제로 하버드대학의 정신과 의사 크리스토퍼 팔머는 저서 『Brain Energy』에서 정신 질환을 치료하거나 예방하는 가장 좋은 방법은 건강한 생활 방식을 영위하는 것이며, 정신 질환은 대부분 건강하지 못한 생활 방식에 뿌리를 두고 있다는 설득력 있는 주장을 펼쳤습니다.

# 수면

수면을 가장 앞에 둔 것은 ADHD가 있는 사람들이 가장 많이 무시하는 요소가 바로 수면이기 때문입니다. ADHD 뇌는 엄청나게 활동적입니다. 전원을 내리고 재우기 정말 어렵습니다. 그런데 일단 잠이 들면, 정반대의 문제가 발생합니다. 한마디로 일어나질 못합니다. 우리는 잠이 들 때, 말 그대로 쓰러집니다.

**필요한 수면을 취하는 것에는 엄청나게 많은 이점이 있습니다. 다음은 일부 예시에 불과합니다.**

~ 정신적으로 더 기민해짐

~ 우울증 위험이 **현저히 감소함**

~ 고혈압 발생률이 **현저히 감소함**

~ **감정을 더 잘 통제함**

~ 수면이 제공하는 면역 기능 강화 효과로 **바이러스 감염률이 감소함**

~ 활기 넘치고 열정적인 **기분이 유지됨**

그래서 필요한 만큼 자면 꿈이 모두 실현되느냐고요? 흠, 아마 그건 아니겠죠. 그렇지만 충분히 자면 꿈을 이룰 확률이 훨씬 더 높아집니다!

제 ADHD 환자들로부터 수면 문제가 있다는 이야기를 수천 번 듣고 나서, 저는 환자 개개인에게 맞는 맞춤 해결법이 필요하다는 사실을 깨달았습니다. 그렇지만 이런 해결법에는 몇 가지 공통 요소가 있었으므로, 다음 수면 처방을 ADHD가 있는 사람들을 위해서 특별히 고안했습니다.

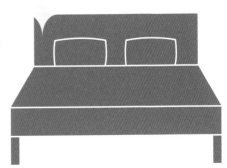

# 밤에 잘 자는 법

~ **잠을 잘 마음의 준비하기!** 잠을 자는 것을 여러분을 위해서 매일 하는 가장 중요한 일인 것처럼 대하세요. 실제로 그러니까요! 수면에 마땅히 주어야 할 열의와 우선순위를 주세요. 대다수 성인에겐 하루 8시간의 수면이 필요합니다. 일부 운이 좋은 사람들은 더 적게 자도 괜찮지만, 운이 나쁜 사람들은 더 많이 자야 하고요. 충분한 수면을 위한 간단한 규칙은 알람이 울리지 않아도 일어날 때까지 자는 것입니다.

~ **수면을 부드럽게 받아들이기.** 우리 ADHD가 있는 사람들은 무언가를 할 때 말 그대로 뛰어듭니다. 펄쩍 뛰고! 다이빙하고! 목표를 이룰 때까지 물불을 가리지 않죠! 그런데 이런 태도는 잠을 자기에 적합한 태도는 아닙니다. 그러지 말고 잠을 사랑하는 사람의 영혼으로 여겨보세요. 그 사람의 영혼이 한밤에 여러분을 마법의 왕국, 꿈의 나라로 향하는 여정에 초대했다고 생각해 보세요. 그 사람이 여러분을 부드럽게, 서서히 잠으로 인도하게 하세요. 비결은 긴장을 푸는 것입니다. 서서히 풀면 가장 좋고요.

~ **휴대폰을 만지작거리다 잠들지 않기.** 취침 시간이 가까워졌을 때 휴대폰을 사용하는 것은 수면에 악영향을 줄 수 있습니다. 밤 수면이 방해받지 않도록 휴대폰을 침대 옆 탁자에 올려두세요. 아예 다른 방에 두면 더 좋습니다. 태블릿이나 노트북도 마찬가지고요.

~ **자기 전에 음주하지 않기.** 저녁 식사에 와인을 한 잔 곁들이셨습니까? 그쯤 하시길 바랍니다. 물론입니다. 알코올을 섭취하면 잠깐은 졸리죠. 그렇지만 길게 보면, 알코올은 수면을 방해합니다. 수면의 질을 떨어뜨려 푹 쉬지 못하게 합니다.

~ **자가 훈련하기.** 취침 시각과 기상 시각을 정하고 지키는 훈련을 하시길 바랍니다. 매일 일정한 시간에 자고 깨는 습관을 들이면, 여러분의 신체 리듬과 뇌 리듬이 합을 맞추기 시작할 겁니다. 이것은 뇌가 취침 시각을 잠자는 시간으로 여기게 하고, 취침 시각이 되면 자연스럽게 잠들게 돕습니다.

# 신체적 운동

운동이 정신 건강에 얼마나 큰 이득을 주는지 알면 깜짝 놀라
실 겁니다. 심혈관계에 주는 이득보다 더 큰 이득을 준다고는
못할지언정, 운동은 정신 건강에도 그에 못지않은 이득을 줍
니다. 운동은 뇌에 여러 가지 이득을 줍니다. 그 가운데 중요한
몇몇만 언급해 보겠습니다.

～ **불안 감소** – 규칙적 운동은 탁월한 항불안제입
니다.

～ **우울 감소** – 항우울제를 복용하기 전에 우선
운동을 해보시길 바랍니다.

～ **집중력과 기억력 향상**, ADHD가 있는 사람들에
게 특히 도움이 됩니다.

～ **에피네프린, 노르에피네프린, 도파민 수치 증
가**, 모두 ADHD 치료에 흔히 쓰이는 신경 화학
물질들입니다.

～ **시냅스 증식**, 시냅스, 즉 신경 세포 접합부는 뇌
속에 있는 뉴런과 신경 세포의 집합부로, 기억
력과 인지력을 날카롭게 하는 데 중요한 역할을
합니다.

～ **펩타이드, 호르몬, 조효소** 및 뇌가 좋아하는 여
타 분자들 다수 생성

# 소뇌를 자극하세요

규칙적인 운동 루틴 말고도, 특히 ADHD가 있는 사람들에게 유익한 특정한 유형의 운동이 있습니다. 최신 연구에 따르면, 머리 뒤쪽에 있는 뇌인 소뇌와 ADHD 관련으로 특히 중요한 뇌 부위인 전두엽이 밀접한 관계를 맺고 있다고 합니다. 우리는 소뇌가 균형 감각을 관장한다는 사실을 오래전부터 알고 있었지만, 소뇌가 전두엽과 밀접한 관계를 맺고 있다는 사실은 최근에야 알게 되었습니다. 전두엽은 계획과 체계화 같은 기능에 더불어 감정을 통제하는 기능을 하는데, 이는 모두 ADHD가 있는 사람들에게 문제가 되는 기능들입니다.

한쪽 다리로 서거나 땅에서 발을 뗀 채로 짐볼에 앉는 식으로, 균형 감각을 단련하는 신체적 운동을 규칙적으로 하면 ADHD가 눈에 띄게 호전되는 것을 볼 수 있습니다.

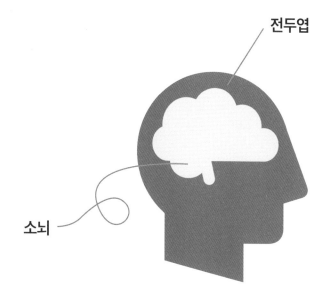

전두엽

소뇌

# 영양

먹어선 안 되는 것들을 먹는 것은 ADHD가 있는 사람들을 위협하는 커다란 위험입니다. 탄수화물은 도파민(8장에서 만났던 마법의 분자) 분비를 촉진하므로, ADHD가 있는 사람들은 탄수화물과 설탕을 자가 처방하기 쉽습니다.

그러면 무엇을 먹어야 할까요? 책과 잡지, 온라인에서 건강한 식습관에 관한 여러 조언을 찾을 수 있을 겁니다. 여기 여러분을 도울 몇 가지 팁이 있습니다.

∼ **건강한 음식 고르기.** 가능한 한 유기농 식품을 드세요. 비건(엄격한 채식주의자) 식단에 가까울수록 좋습니다.

∼ **글루텐과 유제품이 들어 있지 않은 식단 시도하기.** 제 환자 중에는 이 두 가지 단계만으로 부정적인 ADHD 증상을 모두 해소한 환자들도 있습니다.

∼ **끼니 거르지 않기.** ADHD가 있는 사람들은 하는 일에 너무 몰두하여 무심코 식사를 거르곤 합니다. 여러분에게 이런 문제가 있다면, 알람을 맞추거나 식사를 해야 한다는 사실을 떠올리게 하는 것들을 준비하세요.

∼ **수분 섭취하기!** 물을 많이 마시세요. 그렇다고 하루에 4리터씩 물을 마실 필요는 없습니다. 그렇지만 여러분의 몸은 몸에 수분이 계속해서 들어오는 것을 좋아합니다. 그래도 탄산음료나 과일 주스, 카페인 음료처럼 설탕이 든 음료로 수분을 섭취하진 마세요.

∼ **음식을 연결의 촉매제로 쓰기.** 식사를 활용하여 사람들을 모으고 사람 사이에 꼭 필요한 연결 고리를 만들어 보세요. 그리고 네, 그러세요. 음식과 함께 와인을 대접하셔도 좋습니다. 그래도 와인은 적당히만 하세요. 와인은 정말 환상적이죠. 그러니 적당히 마시는 법을 배워서 완전히 끊어야 하는 일이 생기지 않게 합시다.

# 명상, 마음챙김, 호흡 요법

명상과 마음챙김 홍보가 그토록 많은 이유는 실제로 효과가 있기 때문입니다. 명상과 마음챙김이 정확히 어떤 식으로 작용하는지에는 아직 논란의 여지가 있지만, 실제로 효과가 있다는 점에는 논란의 여지가 없습니다. 마음챙김 명상이 DMN을 억누르거나 비활성화할 가능성이 있는데, 만약 그렇다면 마음챙김 훈련은 ADHD가 있는 사람들을 위한 신이 내린 선물인 셈입니다.

21세기가 시작된 이래로 수십 년 동안, 마음챙김 훈련의 효과에 관한 심도 있는 연구가 이루어졌습니다. 정신과 의사 리디아 자일로스카와 수전 스몰리의 선구적인 연구와 다른 여러 정신과 의사들의 연구 덕분에 현재 마음챙김 수련은 치료 성공률이 약물치료와 맞먹을 정도인 ADHD 치료법으로 자리 잡았습니다. 초창기 연구 가운데 하나에 따르면, 8주 동안의 마음챙김 훈련 프로그램은 주의력결핍 우세형 ADHD가 있는 사람들의 감정 조절 능력을 약물치료와 대등한 수준으로 크게 개선했습니다. 그 밖의 수많은 연구에서도 마찬가지의 결과가 나왔습니다.

여러분이 시작하는 데 도움을 줄 사용자 친화적인 명상 앱과 마음챙김 앱이 많이 있습니다. 시도해 볼 만한 가치가 있는 앱들이니 하나쯤 써보시길 바랍니다.

다른 대안으로는 호흡 운동이 있습니다. 제 경우에는 일반적인 명상보다 호흡 운동이 더 잘 맞았습니다. 다음 페이지에는 제가 제 초기화 버튼을 누르고 싶을 때 쓰는 호흡 요법 루틴이 실려 있습니다. 호흡에 집중함으로써 저는 제 마음에 들어오려고 하는 무수히 많은 잡생각의 입장을 거부할 수 있었습니다.

# 간단한 호흡 운동

~ **의자에 앉으세요.** 발은 바닥에 대고 손과 팔은 팔걸이에 올리세요.

~ **눈을 감으세요.** 호흡에 집중하세요.

~ **심호흡하세요.** 8까지 숫자를 세세요.

~ **숨을 참으세요.** 6까지 숫자를 세세요.

~ **숨을 내쉬세요.** 10까지 숫자를 세세요.

~ **숨을 참으세요.** 6까지 숫자를 세세요.

~ **계속해서 호흡에 집중하세요.** 호흡 운동을 다섯 번 더 반복하세요.

# 여러분에게 알맞은 계획을 짜세요

**규칙적으로 운동하기 위해서 운동선수나 운동광이 될 필요는 없으며, 제대로 먹기 위해서 화학 박사 학위를 딸 필요는 없습니다. 필요한 일은 여러분에게 통하는 답을 찾는 것입니다.**

필요한 만큼 운동하기란 놀라자빠질 만큼 쉽습니다. 예를 들어보겠습니다. 제 환자 중 한 명이 친구에게 운동을 더 많이 하고 싶다고 이야기했습니다. ADHD 특유의 천재성을 발휘하여, 두 사람은 이웃들에게 이야기를 꺼냈고, 마음이 맞는 여자 세 명을 찾아냈습니다.

이제 이 다섯 여자는 일주일에 세 번 아침에 30분씩 함께 걷습니다. 그 덕분에 이들은 모두 필요한 만큼 운동할 수 있을 뿐만 아니라, 연결이란 이름의 비타민도 고용량으로 복용할 수 있습니다.

콜센터 관리자로 45세 남성인 제 또 다른 환자는 운동을 더 해야 한다는 사실을 알고 있었지만, 두 가지 장애물을 극복해야만 했습니다. 장애물이란 일하는 날에는 사무실을 떠날 수 없다는 점과 그가 체육관에 가기를 싫어한다는 점이었습니다. 그래서 그는 대신 체육관이 자신에게 오도록 했습니다. 그는 스트레칭용 저항 밴드를 마음에 들어 했으며, 댄스를 아주 좋아했습니다. 그래서 일주일에 세 번씩 15분 동안 사무실에 틀어박혀서, 먼저 저항 밴드를 써서 운동을 한 뒤 헤드폰을 끼고 춤을 췄습니다. 그렇게 그는 실제로 즐겁고 하고 싶은 운동을 할 수 있었죠.

무엇이 여러분의 삶에 건강한 변화가 일어나지 못하도록 막고 있는지 생각해 보세요. 그러고 나서 여러분의 엄청나게 창의적인 ADHD 두뇌를 써서 여러분과 정말 잘 맞는 계획을 세우세요. 그 계획이 아무리 별나더라도 말이죠.

# 동기 찾기

계획이 생겼다면, 이제 계획을 실천할 에너지와 동기를 얻어야 합니다. 여러분은 자신에게 동기가 있는지 확신하지 못할지도 모르지만, 어떤 식으로든 변하고자 하는 동기가 없었다면 애초에 이 책을 읽지도 않았을 것입니다. 그러니 여러분의 그런 면이 주도권을 잡게 하세요.

여러분은 자신에게 동기가 없다고 여기지만, 진짜로 없는 것은 계획과 여러분을 응원해 줄 누군가 – 친구, 배우자, 연인, 상사, 코치, 멘토 등 – 입니다. 다 큰 어른에게 치어리더가 필요하냐고요? 당연하죠! 치어리더의 가치는 엄청납니다. 응원이 필요하지 않은 척, 응원을 원하지도 않는 척하는 사람들이 아주 많지만, 거의 모든 사람에게는 응원이 필요합니다.

여러분이 너무 게으르다고 제게 말하지 마세요. 특히 여러분 자신에겐 절대 말하지 마세요. 이제는 그 말이 사실이 아님을 아는 여러분의 부분과 협력할 때입니다.

## 명심하세요

누구나 그러하듯이, 그리고 ADHD가 있는 사람들이 특히 그러하듯이, 여러분에게는 이미 필요한 모든 동기가 있습니다.

# 혼자 하지 마세요

협력할 사람이 있으면 동기를 유지하기 훨씬 쉽습니다. 한 사람 혹은 여러 사람과 팀을 짜면 에너지가 기하급수적으로 증가합니다.

친구와 팀을 짜서 함께 운동하거나, 서로를 응원해 보세요. 아니면 ADHD가 있는 사람들을 지도해 본 경험이 있는 누군가를 찾아보세요. (온라인에서 "ADHD 코치"라고 검색하기만 하면 됩니다.)

친구나 코치와 협력하면, 여러분의 목표의 윤곽을 그리고, 목표 달성을 위한 일정을 짤 수 있습니다. 처음에는 책임질 일과 일정이 생기는 것이 겁날지도 모르지만, 곧 이런 요소들이 여러분에게 동기를 부여하고 지탱해 준다는 사실을 알게 되실 겁니다. 비법은 바로 팀워크와 책임입니다.

## 명심하세요

함께 열정적으로 일할 수 있는 확실한 사람들과 팀을 짜세요. 혼자가 아닐 때, 성공할 가능성은 훨씬 더 커집니다.

# 약물치료

지금쯤이면 이 책 속에서 여러분의 모습을 발견하고 자신에게 ADHD가 있다는 결론을 내셨을지도 모르겠습니다. 그리고 치료제를 복용해야 하는지 궁금해하실지도 모르겠습니다. 어쩌면 여러분에게 수년에 걸쳐 약물치료를 받으라고 권해온 가까운 사람을 떠올리며, 빙긋 웃고 계실 수도 있겠네요. 아니면 약물치료를 받는다는 생각이 마음에 들지 않아서 인상을 쓰고 계실 수도 있겠고요.

13장에서는 ADHD 치료제에 관한 진실을 조명하고 흔히 나오는 질문 몇몇에 답함으로써, 여러분이 자신을 위해 최선의 결정을 내릴 수 있도록 도울 것입니다.

# ADHD 치료에는 어떤 약을 쓰나요?

**저는 치료제를 "모두가 두려워하는 가장 강력한 도구"라고 부릅니다. 그리고 이 말은 진실이죠.**

적절히 쓰면 ADHD 치료제는 신의 선물이 될 수 있습니다. 치료제는 정신적 집중력을 높여주고, 폭주하는 뇌를 더 잘 통제할 수 있게 하며, 충동성을 줄여서 막무가내로 뛰어들기 전에 먼저 살펴보게 하고, 자기 통제력이 늘어나는 느낌을 줌으로써 불안감을 줄여줍니다.

ADHD 치료에 쓰이는 약물은 주로 자극제로 분류됩니다. 우리가 현재 ADHD라 부르는 질환을 치료하기 위해 쓰였던 최초의 자극제는 암페타민입니다. 1937년 정신과 의사 찰스 브래들리는 병동에 있는, 과잉행동 증상이 나타나는 소년들에게 암페타민 요법을 썼습니다. 소년들은 약물치료를 받고 기뻐하면서, 이 약을 "수학 알약"이라 불렀습니다. 이 약이 지루하기 짝이 없는 수학 시간에 집중할 수 있게 해주었기 때문입니다.

1950년대 초에는 메틸페니데이트가 무대에 등장했습니다. 메틸페니데이트는 암페타민과는 다른 분자지만, 치료 작용은 동일했습니다. 즉 집중력을 강화하고, 행동 조절을 보조했습니다.

자극제의 양대 산맥인 암페타민과 메틸페니데이트로부터 수많은 자극제가 파생되었습니다. 파생 자극제 가운데는 약효가 더 장시간(8~14시간) 동안 지속하는 것도 있었고, 더 단시간(3~5시간) 동안 지속하는 것도 있었습니다. 액상 형태인 것도 있었고, 태블릿이나 알약 형태인 것도 있었습니다. 혀 밑에 놓고 녹여 먹어야 하는 것도 있었고, 피부에 붙이는 패치 형태인 것도 있었습니다. 심지어 취침 시간에 복용하면 아침에 일어났을 때 약효가 도는 약도 있었습니다. 덕분에 약효가 나타날 때까지 지옥 같은 시간을 감내할 필요가 없었죠. ADHD 치료용으로 허가를 받은 의약품의 종류는 나라마다 다릅니다. 여러분의 의사가 사용 가능한 가장 좋은 약이 무엇인지 조언해 줄 겁니다.

그 어떤 약도 효과적인 동시에 안전하지 않은 한 오랜 세월 동안 처방되지 않습니다. 1937년 이래로 자극제에 관한 무수히 많은 연구와 논문, 책이 나왔습니다. 그러므로 자극제는 우리가 처방하는 약 가운데서 가장 철저히 연구된 약 중 하나인 셈입니다.

## 명심하세요

자극제는 반드시 의료진의 지도하에 복용해야 합니다.

# 자주 묻는 질문

**다음은 ADHD 치료제에 관해서 가장 자주 받는 질문 가운데 몇 가지입니다.**

## ADHD 치료제에 중독성이 있나요?

자극제에 관한 여러 근거 없는 믿음 가운데 하나는 자극제에 중독성이 있다는 것입니다. 연구에 따르면 자극제는 오히려 중독률을 낮춰줍니다. 올바른 약물을 복용함으로써 여러분은 잘못된 약물의 유혹을 훨씬 잘 이겨낼 수 있습니다.

왜 이토록 많은 사람이 흔히 중독(8장 참조)이라 불리는 덫에 빠질까요? ADHD 치료를 받는 대신 자기가 선택한 약물이나 행동을 자가 처방하기 때문입니다. 자극제를 복용함으로써, 이들은 건강하지 못한 중독을 끝낼 수 있는 합당한 가능성을 얻을 수 있습니다.

## 자극제는 어떻게 작용하나요?

도대체 어떻게 자극제가 ADHD가 있는 성인에게 도움이 될 수 있죠? ADHD가 있는 사람들은 이미 과도한 자극을 받고 있지 않나요? 이 역설을 해결해 줄 답은 자극제가 무엇을 자극하는지 이해하는 것입니다. 자극제는 뇌의 억제성 뉴런을 자극합니다. 브레이크를 밟는 것과 마찬가지로, 억제성 뉴런을 자극하면 폭주하는 뇌의 속도를 낮출 수 있습니다.

자극제의 작용 기전은 뇌 속에 있는, 신경 전달 물질이라고 불리는 특정한 화학 물질의 양을 늘려주는 것입니다. 자극제가 영향을 주는 가장 중요한 신경 전달 물질은 도파민, 에피네프린(아드레날린으로도 알려져 있습니다), 노르에피네프린(노르아드레날린) 등입니다. 이런 신경 전달 물질들은 ADHD가 뇌 회로에서 일으키는 여러 교통 체증을 해소하는 데 도움을 줍니다.

## 자극제를 쓰면 어떤 부작용이 일어날 수 있나요?

치료제는 성인 ADHD 환자를 돕기 위한 도구상자 안에 든 한 가지 도구에 불과합니다. 치료제는 (나이와 무관하게) 누군가에게는 신이 내린 선물이지만, 다른 누군가에겐 듣지 않는 약일 수도 있고, 또 다른 누군가에겐 불쾌한 부작용으로 가득 찬 약일 수도 있습니다.

식욕 부진은 ADHD에 쓰이는 자극제에서 일반적으로 발생하는 부작용 가운데 하나입니다. 그렇지만 건강을 위해서 살이 더 빠지지 않도록 관리하는 경우가 아니라면, 이것은 받아들일 수 있는 부작용입니다.

다른 모든 잠재적 부작용은 용량을 낮추거나, 약물을 중단하면 즉시 원상 복구되는 부작용입니다. 이러한 잠재적 부작용에는 혈압 상승, 심박 수 증가, 두통, 구강건조증, 불면증(취침 시간에 너무 가까이 복용 시) 등이 있습니다. 덧붙여, 어떤 사람들은 기분에 영향을 주는 약을 좋아하지 않습니다. 열정이나 자발성, 즉흥성을 잃어버릴 수도 있다고 여기기 때문입니다. 그렇지만 만약 실제로 그런 일이 생긴다면, 그냥 약물을 중단하고 평소의 자기 자신으로 돌아가면 그만입니다.

### 명심하세요

제가 ADHD 뇌를 자전거 브레이크가 달린 페라리 뇌에 비유했던 것을 기억하십니까(26쪽 참조)? ADHD 치료제는 뇌의 브레이크를 강화하는 데 도움이 됩니다. 그러면 여러분은 뇌를 더 잘 통제할 수 있고, 한 자리에서 빙빙 돌기만 하는 대신 경주에서 승리할 수 있습니다.

## 자극제 대신 쓸 수 있는 약이 있나요?

어떤 이유로든 자극제를 복용하고 싶지 않거나, 자극제를 시도해 보았음에도 소득이 없었다면, 자극제만큼 효과적일 수 있는 몇 가지 범주의 치료제가 있습니다. 말씀드렸다시피, 모든 것은 결국 시행착오로 귀결됩니다.

자극제가 아닌 약물 가운데서 가장 흔히 쓰이는 것은 아토목세틴 같은 SNRI(선택적 노르에피네프린 재흡수 억제제) 항우울제입니다. 알파 차단제, 혹은 알파 2A-아드레날린 수용체 작용제라 불리는 구안파신 역시 ADHD 치료를 위해 처방하는 비자극제 약물입니다.

### 명심하세요

약물 복용의 결과는 가역적, 즉 되돌릴 수 있습니다. 그 결과가 비가역적인 수술과는 다릅니다. 약물이 무슨 일을 하든 간에, 체내에서 빠져나가는 즉시 그 효과는 사라집니다. 그리고 ADHD 치료제는 대개 복용 당일에 다 체내에서 빠져나갑니다.

# 약 70%의 경우에서는 효과가 있는 약을 찾을 수 있습니다

## ADHD 약물치료가 제게 맞는 선택일까요?

ADHD 치료를 위해서 반드시 약물을 복용해야만 하는 사람은 없습니다. 치료제 복용은 의학적 필요보다는 선택 사항에 가깝습니다.

듣는 약이 있다면 그중 무엇이 가장 적합한지, 어떤 용량이 가장 적합한지 알아내는 가장 좋은 방법은 시행착오입니다. 아직은 유전자 검사나 다른 검사를 통해서 각 개인에게 어떤 약이 가장 효과적인지 알아낼 정도로 의학이 발전하진 못했기 때문입니다. 그렇지만 흔히 쓰는 ADHD 치료제는 대부분 속효성이므로 복용한 당일에 체내에서 전부 빠져나가며, 따라서 단기간에 여러 치료제를 시도해 볼 수 있습니다.

약물치료가 실패하는 가장 흔한 원인 가운데 하나는 너무 빨리 중단하거나 복용량이 충분하지 않은 것입니다. 부작용이 나타나지 않는 한, 원하는 수준의 개선이 나타날 때까지 계속 복용량을 늘려볼 수 있습니다. 약 70%의 경우에서, 시행착오를 통해 효과가 있는 약을 찾아낼 수 있습니다. "효과가 있는 약"이란 부작용 없이 목표 증상을 개선할 수 있는 약을 말합니다(단, 체중 감량이 필요한 상황에서 나타나는 식욕 억제는 받아들일 수 있는 부작용입니다).

## 명심하세요

ADHD를 치료하지 않고 사는 것은 바퀴가 네모난 차를 운전하는 것과 같습니다. 알맞은 치료제를 찾으면, 바퀴가 동그랗게 변하면서, 훨씬 더 쉽게 훨씬 더 멀리 갈 수 있습니다.

# 치료 선택지 알아보기

보시다시피, 선택할 수 있는 약이 아주 많습니다. 아주 좋은 일이죠. 그렇지만 선택의 폭이 넓다는 말은 곧 이런 약물들을 속속들이 잘 아는 전문가와 함께하는 것이 대단히 중요하다는 뜻입니다. 그러니 약 처방을 받을 때는 ADHD에 관해 잘 아는 의사를 찾으세요. ADHD 치료 경험이 풍부하고, 약물을 포함한 다양한 치료법을 제시할 수 있는 전문가를 찾으세요.

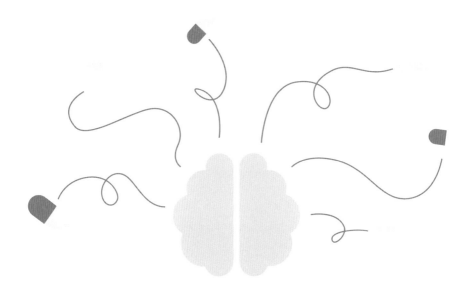

# 결론

약물치료와 관련된 여러 가지 사안은 결국 다음 결론으로 귀결됩니다. 어떤 약을 시도해 보았는데, 부작용을 일으키지 않고 여러분에게 도움을 준다면, 기쁜 마음으로 내킬 때까지 복용하세요. 어떤 약이 도움이 되지 않거나 부작용을 일으킨다면, 복용을 중단하고 의사와 상의하여 다음에 무엇을 할지 정하세요.

**혹은 이보다 더 간결하게 표현할 수도 있습니다. 즉 약이 마음에 들면 먹고, 마음에 안 들면 먹지 마세요.**

그렇지만 이 사실 또한 기억하시길 바랍니다. 의약품 복용에 관한 판단과 결정은 약 처방 경험이 많은 의사와 함께 내려야 합니다.

## 명심하세요

약물치료가 유일한 치료가 되어서는 절대 안 됩니다. 항상 약물치료와 여러분 자신에 대한 학습을 결합해야만 합니다. 자신에 대한 학습이란 결국, 넓은 의미의 ADHD와 여러분 자신에게 있는 좋은 의미의 ADHD, 건강한 삶을 사는 방법(12장 참조)을 이해하는 것입니다.

# 마지막 말

이제 책의 끝에 다다랐네요. 여기까지 함께해 주셔서 고맙습니다. 여러분이 없었다면, 제 작업은 아무런 의미가 없었을 겁니다. 그러니 제 온 마음을 담아 감사의 말씀을 전합니다.

비록 여러분을 사적으로 알지는 못하지만, 이 책의 모든 페이지에서 여러분은 제 마음속에 있었습니다. 여러분에게 ADHD 세계에 있는 여러 영광과 위험을 소개해드리고 싶었습니다. 여러분을 하찮은 사람으로 만드는 고정관념에서 벗어나게 하고, ADHD라는 부당한 이름으로 불리는 이 매력적인 질환이 내포한 엄청난 다양성을 보여드리고 싶었습니다. 또 ADHD 세계를 충분히 보여드림으로써 여러분이 ADHD가 있다는 사실에 자부심을 느끼게 하고 싶었습니다. 부디 제가 성공했기를 바랍니다.

그리고 여러분이 덫에 빠지지 않도록, 덫을 피하는 데 필요한 온갖 정보로 완전무장 시켜드리고 싶었습니다. 만약 이런 정보에서 무언가 가치 있는 것을 배우셨다면, 부디 다른 사람들에게도 말을 전해주시길 바랍니다. 입소문은 이 질환에 관한 낙인에 맞서 싸우고, 좋은 이야기를 퍼뜨리는 가장 좋은 수단입니다.

저와 이 여정에 함께해 주셔서 감사합니다. 언제든지 저를 만나러 오시길 바랍니다. 웹사이트 drhallowell.com/watch/ned-talks에서 저를 찾으실 수 있을 겁니다.

# 참고문헌

## ADHD 관련 단체

**Australia**

ADHD Support Australia
(adhdsupportaustralia.com.au)

ADHD Foundation (adhdfoundation.org.au)

**Canada**

Centre for ADHD Awareness, Canada (caddac.ca)

**Ireland**

ADHD Ireland (adhdireland.ie)

**New Zealand**

ADHD New Zealand (adhd.org.nz)

**UK**

ADHD Foundation, The Neurodiversity Charity
(adhdfoundation.org.uk)

Attention Deficit Disorder Information and Support
Service (addiss.co.uk)

UK ADHD Partnership (ukadhd.com)

UK Adult ADHD Network (ukaan.org)

**USA**

American Academy of Child and Adolescent
Psychiatry (aacap.org)

American Psychiatric Association (psychiatry.org)

American Psychological Association (apa.org)

Attention Deficit Disorder Association (add.org)

Children and Adults with Attention-Deficit/
Hyperactivity Disorder (chadd.org)

## 관련 웹

ADDConsults (addconsults.com)

*ADDitude* (additudemag.com)

Faster than Normal (fasterthannormal.com)
How to ADHD
(howtoadhd.com; youtube.com/howtoadhd)
Tracy Otsuka (Tracyotsuka.com)

## 추천 도서

Barkley, Russell A., and Christine M. Benton PhD,
*Taking Charge of Adult ADHD* (Guildford Press,
2010).

Boissiere, Phil, MFT, *Thriving with Adult ADHD:
Skills to Strengthen Executive Functioning (Althea
Press, 2018).*

Brown, Richard P., MD, and Patricia L. Gerbarg,
MD *Non-Drug Treatments for ADHD: New Options
for Kids, Adults, and Clinicians* (W.W. Norton &
Company, 2012).

Christakis, Nicholas A., MD, PhD, and James H.
Fowler, PhD, *Connected: The Surprising Power of
Our Social Networks and How They Shape Our
Lives* (New York: Little, Brown & Company, 2009).

Foote, Jeffrey, PhD, Carrie Wilkens, PhD, and
Nicole Kosanke, PhD *Beyond Addiction: How
Science and Kindness Help People Change* (New
York: Scribner, 2014).

Frates, Beth, MD, Michelle Tollefson, MD, and Amy Comander, MD, *Paving the Path to Wellness Workbook* (Healthy Learning, 2021).

Hallowell, Edward M. MD, and John J. Ratey, MD, *ADHD 2.0: New Science and Essential Strategies for Thriving with Distraction from Childhood Through Adulthood* (Ballantine Books, 2021).

Matlen, Terry, MSW, *The Queen of Distraction: How Women with ADHD Can Conquer Chaos, Find Focus, and Get More Done* (New Harbinger Publications, 2014).

Ratey, John J., MD, and Eric Hagerman, *Spark! The Revolutionary New Science of Exercise and the Brain* (Quercus, 2009).

Shankman, Peter, *Faster than Normal: Turbocharge Your Focus, Productivity, and Success with the Secrets of the ADHD Brain* (TarcherPerigee, 2017).

Solden, Sari, MS, and Michelle Frank, PsyD, *A Radical Guide for Women with ADHD: Embrace Neurodiversity, Live Boldy, and Break Through* (New Harbinger Publications, 2019).

Walker, Matthew, PhD, *Why We Sleep: Unlocking the Power of Sleep and Dreams* (Scribner, 2017).

# 데이터 크레딧

**Page 11:** Barbaresi W.J., Katusic S.K., Colligan R.C., et al., "How common is attention-deficit/hyperactivity disorder? Incidence in a population-based birth cohort in Rochester, Minn.", *Arch Pediatr Adolesc Med.* 2002;156(3):217-224. doi:10.1001/archpedi.156.3.217.

**Page 14:** Rodden, Janice, "ADHD May Reduce Life Expectancy by As Much As 13 Years", *ADDitude* (20 November 2018), additudemag.com/adhd-life-expectancy-russell-barkley, accessed 27 February 2023.

**Page 35:** Zametkin A.J., Nordahl T.E., Gross M., et al., "Cerebral glucose metabolism in adults with hyperactivity of childhood onset", *N Engl J Med.* 1990;323(20):1361-1366. doi:10.1056/NEJM199011153232001. Copyright © 1990

Massachussetts Medical Society. Reprinted with permission from Massachussetts Medical Society.

**Pages 37–39:** Reprinted with permission from the *Diagnostic and Statistical Manual of Mental Disorders*, 5th edition, text revision, DSM-V-TR, pp. 68-70 (Copyright ©2022). American Psychiatric Association. All Rights Reserved.

**Page 44:** Smith M., "Hyperactive Around the World? The History of ADHD in Global Perspective", *Soc Hist Med.* 2017;30(4):767-787. doi:10.1093/shm/hkw127.

**Page 44:** Barbaresi W.J., Katusic S.K., Colligan R.C., et al., "How common is attention-deficit/hyperactivity disorder? Incidence in a population-based birth cohort in Rochester, Minn.", *Arch Pediatr Adolesc Med.* 2002;156(3):217-224. doi:10.1001/archpedi.156.3.217.

**Page 48:** Slobodin O., Davidovitch M., "Gender Differences in Objective and Subjective Measures of ADHD Among Clinic-Referred Children", *Front Hum Neurosci.* 2019;13:441. Published 2019 Dec 13. doi:10.3389/fnhum.2019.00441.

**Page 48:** American Psychiatric Association, *Diagnostic and Statistical Manual of Mental Disorders*, 5th edition, text revision, DSM-V-TR (American Psychiatric Association, 2022), p. 72.

**Page 49:** Stibbe T., Huang J., Paucke M., Ulke C., Strauss M., "Gender differences in adult ADHD: Cognitive function assessed by the test of attentional performance", *PLoS One.* 2020;15(10):e0240810. Published 2020 Oct 15. doi:10.1371/journal.pone.0240810.

**Page 97:** Beauchaine T.P., Ben-David I., Bos M., "ADHD, financial distress, and suicide in adulthood: A population study", *Sci Adv.* 2020;6(40):eaba1551. Published 2020 Sep 30. doi:10.1126/sciadv.aba1551.

**Page 98:** Pelham W.E. III, Page T.F., Altszuler A.R., Gnagy E.M., Molina B.S.G., Pelham W.E. Jr, "The long-term financial outcome of children diagnosed with ADHD", *J Consult Clin Psychol.* 2020;88(2):160-171. doi:10.1037/ccp0000461.

**Page 98:** Jones, Rupert, "Shopping is a nightmare: how ADHD affects people's spending habits", *The Guardian* (25 Jun 2022).

**Page 111:** John Gabrieli; McGovern Institute; Grover Hermann Professor, Health Sciences and Technology; Professor, Brain and Cognitive Sciences; Director, Athinoula A. Martinos Imaging Center, MIT.

**Page 114:** Csikszentmihalyi, Mihalyi, *Flow: The Psychology of Optimal Experience* (Harper 2008).

**Page 128:** Facher, Lev, "Rahul Gupta, first physician to serve as drug czar, says stigma among doctors is key culprit in addiction crisis", *Stat* (2 September 2022), statnews.com/2022/09/02/rahul-gupta-drug-czar-says-stigma-among-doctors-adds-to-addiction-crisis, accessed 27 February 2023.

**Page 128:** National Center for Drug Abuse Statistics (drugabusestatistics.org), accessed 27 February 2023.

**Page 128:** The UK Drug and Alcohol Survey of 2021, delamere.com/blog/the-uk-drug-and-alcohol-use-survey-2021, accessed 27 February 2023.

**Page 130:** Kelly, A.B., et al., "The Age of Onset of Substance Use Disorders", in de Girolamo, G., et al, (eds), *Age of Onset of Mental Disorders* (Springer, 2019).

**Page 132:** Waldinger, Robert, M.D., *The Good Life: Lessons from the World's Longest Scientific Study on Happiness* (Simon & Schuster, 2023).

**Page 135:** Blum, Kenneth, PhD, *Alcohol and the Addictive Brain* (Free Press, 1991).

**Page 146:** Waldinger, Robert, M.D., *The Good Life: Lessons from the World's Longest Scientific Study on Happiness* (Simon & Schuster, 2023).

**Page 147:** Vaillant, George, M.D., *Aging Well: Surprising Guideposts to a Happier Life, from the Landmark Harvard Study of Adult Development* (Little, Brown Spark, 2003).

**Page 148:** Murthy, Vivek, M.D., *Together: The Healing Power of Connection in a Sometimes Lonely World* (Harper Wave, 2020).

**Page 148:** Berkman, Lisa, "Social Networks, Support, and Health: Taking the Next Step Forward", *American Journal of Epidemiology*. 1986; 123(4):559–562. doi.org/10.1093/oxfordjournals. aje.a114276.

**Page 148:** Holt-Lunstad J., Smith T.B., Baker M., Harris T., Stephenson D., "Loneliness and social isolation as risk factors for mortality: a meta-analytic review", *Perspect Psychol Sci.* 2015;10(2):227-237. doi:10.1177/1745691614568352.

**Page 179:** Arthur C. Brooks, "The Secret to Happiness at Work", *The Atlantic* (2 September 2021), theatlantic.com/family/archive/2021/09/dream-job-values-happiness/619951, accessed 27 February 2023.

**Page 179:** Arvey, Richard D., et al., "Job Satisfaction: Environmental and Genetic Components", *Journal of Applied Psychology*, April 1989; 74(2):187-192. doi:10.1037/0021-9010.74.2.187.

**Page 182:** Arthur C. Brooks, "4 Rules for Identifying Your Life's Work", *The Atlantic* (21 May 2020), theatlantic.com/family/archive/2020/05/how-choose-fulfilling-career/611920, accessed 27 February 2023.

**Page 188:** Fatma Al-Maskeri, MBChB, PhD, LRCP&SI, FFPH, "Lifestyle Diseases: An Economic Burden on the Health Services", *U.N. Chronicle* (27 June 2013).

**Page 201:** Zylowska, Lidia, M.D., *The Mindfulness Prescription for ADHD* (Trumpeter, 2012).

# 감사의 말

거의 모든 작가가 그러하듯이, 제게는 감사의 말에 할애된 지면보다 감사해야 할 사람들이 더 많습니다. 그렇지만 우선 독자 여러분께 감사하다는 말씀을 전하며 감사의 말을 시작하겠습니다.

이 책을 구상하고 제게 집필을 요청하신 명석한 자라 안바리 선생님께 감사드립니다. 그리고 DK 출판사의 안바리 선생님의 팀원 모두에게 감사드립니다. 이들은 과거 그 어느 때보다도 제가 활기차게 글을 쓸 수 있도록 도와준 클레어 철리를 비롯해, 이지 홀튼, 베키 알렉산더, 타니아 다 실바 고메스, 미셸 노엘, 케이티 에드먼슨 등입니다. 제가 여러분 모두를 적절히 대했기를 바랍니다.

제 훌륭한 에이전트인 짐 레빈과 팀원들에게 감사드립니다. 에이전트 한 사람이 아니라 에이전트 팀이 통째로 저를 돕다니! 정말 사치스러운 일이었습니다. 이들은 절대 포기하지 않는 진정한 프로였습니다. 아이디타로드 트레일 개 썰매 경주에 참여한 허스키 팀처럼 저를 끌어주었습니다. 이들은 제가 필요할 때 언제나 곁에 있었으며, 제가 의기소침할 때 제 사기를 끌어올려 주었습니다.

마지막으로, 제 태양과 달, 별들에, 34년 동안 제 아내였던 수와 우리 세 아이들, 루시, 잭, 터커에게 고맙다는 말을 전하고 싶습니다. 제 첫 책에 감사의 말을 적었던 게 바로 엊그제 같은데, 달력을 보니 27년 전이었다고 하는군요. 그때는 제 아이들이 각각 6살, 3살, 6개월이었죠. 우리 모두 그때보다 조금 더 크긴 했지만, 우리 가족은 항상 제 전부입니다.

## 지은이

**에드워드 M. 할로웰**은 전문의 자격을 갖춘 소아정신과 의사이자 정신과 의사이며, 세계적으로 유명한 기조연설자이고, ADHD에 관한 우리의 이해에 혁명을 일으켰던 저서 『Driven to Distraction』(존 J. 레이티와 공저)와 근작 『ADHD 2.0』의 저자이자, 20권이 넘는 뉴욕타임스 베스트셀러의 저자나 공저자입니다. 잡지 <애디튜드(ADDitude)>의 정규 칼럼니스트이며, 틱톡 네드 토크(Ned Talks)에서 ADHD에 대한 개인적인 경험과 조언을 공유하고 있습니다. 보스턴, 뉴욕, 샌프란시스코, 시애틀에 있는 할로웰 센터의 설립자이며, 여전히 그의 지식의 주요 원천인 개인 환자들을 매일 보고 있습니다. 보스턴에서 사회복지사인 아내와 함께 살면서, 장성한 자녀 셋을 길러내었고, 이제 다음 모험 계획을 짜고 있습니다.

## 옮긴이

**김부민**은 경제서, 인문 교양서, 역사서를 즐겨 읽는 번역가다. 경영학으로 학사 학위를, 재무학으로 석사 학위를 받았다. 논리가 살아 있는 책을 아름답게 번역하는 방법을 늘 고민하고 있다. 얼마 전부터 바른번역 소속으로 활동 중이다. 『변화의 세기』 『셧다운』 『코스모스 인포그래픽스』 등을 우리말로 옮겼다.